CRIMEN EN EL CONFITAL
BY AGATHA CHRISTIE

Javier Campos Oramas

CRIMEN EN EL CONFITAL BY AGATHA CHRISTIE

Primera edición: noviembre de 2017
Segunda edición: febrero de 2018

Imágenes con poca calidad al incluir las originales que tienen las carencias técnicas de la época

ISBN: 978-84-16824-80-9
ISBN digital: 978-84-16824-81-6
Depósito legal: M-31293-2017

Editorial Adarve
C/ Marcenado 14
28002 Madrid
editorial@editorial-adarve.com
www.editorial-adarve.com

Impreso en España

A mi querida hija Edelmira

Índice

Presentación

Este librito está escrito con todo el rigor de una hipótesis de trabajo académico, algo de ello se puede reconfirmar en el último capítulo que hace de adenda, aunque he preferido hacerlo de manera jocosa y, preferentemente, entretenida. Pidiendo licencia a la famosa autora Agatha Christie, pues me he ayudado muchísimo de los personajes que aparecen en *Miss Marple y trece problemas*, he creado una dinámica mitad novela mitad ensayo que permiten fluir con facilidad la demostración de las hipótesis presentadas.

Un día leyendo noticias de hace casi un siglo, editadas en los periódicos de la ciudad de Las Palmas de Gran Canaria, me llamó especialmente la atención un titular y su desarrollo. Esta noticia se encabezaba con estas palabras ¿Homicidio o crimen?

Este título lo ofrecía el periódico *Diario de Las Palmas* del día cinco de mayo de 1920, en su página tres. Había algo particular en dicho asunto, en los datos que ofrecía, en su tratamiento, algo, algo, algo… ¿Dónde había leído yo este asunto, este drama? Pronto vino a mi memoria las obras de la reina del crimen: Agatha Christie.

En efecto, lo que yo después investigaría en los periódicos locales de Las Palmas de Gran Canaria y Santa Cruz de Tenerife era la matriz o punto de partida del *sketch* titulado *The companion* o *La señorita de compañía.*

Sacando una cereza se saca otra, y otra, y otra… Así surge el viaje alrededor del mundo realizado por el matrimonio Christie; la estancia de Agatha Christie en Canarias; el encuentro con el Dr. Lucas…

¿Y quién fue el mentado doctor Lucas? ¿Existió? ¿Era británico, era canario?

Estas cuestiones están aquí tratadas con todo el severo rigor de una hipótesis de investigación académica, todo está debidamente avalado con documentos escritos e imágenes aunque siempre quedan algunas dudas a las que, tal vez, otros investigadores encontrarán las respuestas.

La primera parte del trabajo está desarrollado como si fuera una novela corta o *sketch* propio de Agatha Christie, salvando las distancias, ¡qué es mucha! Le siguen unos breves capítulos sobre la biografía de Agatha Christie que nos llevarán a Canarias y de aquí entramos en la parte más propia de la investigación.

Los últimos capítulos profundizan en las bases que permiten conocer la relación entre el *sketch La señorita de compañía* y el crimen en el Confital. Termina la investigación en el capítulo titulado *Los recortes de prensa del Dr. Lloyd* donde expongo, de manera sumaria, las noticias de prensa que apoyan el desarrollo de las hipótesis expuestas.

¿CRIMEN O ACCIDENTE? [1]

—¿Qué día es hoy? ¿Martes? Le llamaremos el Club de los Martes. Nos reuniremos cada semana y cada uno de nosotros, por turno, deberá exponer un problema o algún misterio que cada uno conozca personalmente y del que, desde luego, sepa la solución. Dejadme ver —continuaba hablando Joyce Helier—, cuántos somos. Uno, dos, tres, cuatro, cinco. En realidad, tendríamos que ser seis.

—Te has olvidado de mí, querida —dijo Miss Marple con una sonrisa radiante.

1 CHRISTIE, A.: *Mis Marple y trece problemas*. Estos numerosos textos de este ensayo - *sketch* están entresacados, y algunos alterados o combinados, según las necesidades de la redacción que se esté exponiendo en el capítulo correspondiente de la obra aquí citada. Mrs. Christie será bondadosa conmigo y me permitirá jugar con sus personajes y conversaciones. Ejemplo: el primer bloque de esta parte está entresacado de *El Club de los martes* y el bloque segundo de *La señorita de compañía*; el resto de las citas o juegos de frases se irá advirtiendo oportunamente en cada nota.

*

—Ahora usted, doctor Lloyd —dijo Miss Helier—. ¿No conoce alguna historia espeluznante? —le dirigió aquella sonrisa que cada noche embrujaba al público que acudía al teatro…

Con un gesto inconsciente, el médico tiró hacia abajo de las puntas de su chaleco, que empezaba a quedársele estrecho y buscó afanosamente en su memoria algún recuerdo para no decepcionar a la encantadora criatura que se dirigía a él con tanta confianza.

—Me resulta un poco difícil escoger el tipo de historia que ustedes desean oír —dijo el doctor Lloyd pensando desesperadamente—. Sí claro, sí... —prorrogó Lloyd—. ¡Ah! ¡Ya lo tengo! Creo que conozco un ejemplo que cumple muy bien los requisitos exigidos. Y se reclinó en su butaca con un suspiro de alivio. Tomando nuevamente la palabra Lloyd habló un largo rato. Leamos lo que dijo—. De esto hace ya algunos años y casi lo había olvidado. Pero los hechos fueron realmente extraños, muy extraños...

»Es posible —prosiguió el anciano—, que hayan leído algún comentario acerca de este caso adormilado y vuelto a recuperar en los periódicos del año pasado. Entonces, en 1920, se archivó como un misterio sin resolver. Recuerdo que un periodista nativo, Mr. Quesada, que trabajaba en una de nuestras empresas, Elder o el British Bank, tengo el recorte aquí; se permitió escribir sobre este asunto, pero como novelista lo trata desde el aspecto literario y especulador, nada serio[2]. Pues bien, da la casualidad de que la solución llegó a mis manos no hace muchos días. El incidente que voy a referirles —continuó el médico—, sucedió en la isla de Gran Canaria, no en la de Tenerife. Hace ahora muchos años ya. Mi salud no era muy buena y me vi obligado a dejar mi trabajo en Inglaterra y marcharme al extranjero. Estuve ejerciendo en Las Palmas, que es la capital de Gran Canaria. En cierto modo, allí dis-

2 El escritor Alonso Quesada (L.P.G.C. 1885-1925), en la narración rescatada por el catedrático Antonio Henríquez Jiménez, *La imaginación del viajante*, publicada en el periódico barcelonés *La Publicidad*, el 03/09/1920, y posteriormente en *Smoking-Room*, deja constancia de ello

fruté mucho. El clima es suave y soleado, excelentes playas: yo soy un bañista entusiasta, y la vida del puerto me atraía sobremanera. Barcos de todo el mundo atracan en Las Palmas. Yo acostumbraba a pasear por el muelle cada mañana, más interesado que una dama que pasara por una calle de sombrererías —Lloyd chasqueó ligeramente la lengua y cuando iba a iniciar su relato, se detuvo, puso los ojos en blanco y comentó—. Mejor lo hago el próximo martes, pues quiero recordar que tengo unos recortes de periódicos en casa sobre este hecho.

Miss Marple torció el gesto y sonrió de forma condescendiente.

Joyce Helier insistió, poniendo todo su candor al entonar la súplica:

—¡Oh! No. Díganos esa historia, ya irá recordando los detalles. Ponga a funcionar esas células grises de las que tanto conocen ustedes, los médicos.

El buen galeno retomó la iniciativa y empezó una detallada explicación sobre los periódicos locales en los que había leído las noticias del homicidio o asesinato, hecho que todavía está por dilucidar. Enumeró, Lloyd, los periódicos: *La Provincia* y *Diario de Las Palmas*, de la isla de Gran Canaria; *La Gaceta de Tenerife* y *El Progreso*, de la isla de Tenerife. Añadió que los textos eran casi iguales, pues en aquella fecha, 1920, no existían muchos medios para obtener la información.

—Diré —continuó el doctor Lloyd—, que convenía leer todas las versiones del suceso, pues según iban transcurriendo los días a la copia del texto inicial se le iban añadiendo pequeñas gotas de información. Estos añadidos permitían hacerse con una idea cabal de todos los hechos. Recuerdo —continuaba el cronista Lloyd pintando la situación—, que *El Progreso* tenía buenos redactores y sabían describir la situación con más enjundia que otros, cualidad parecida a la aportada por los periodistas de *La Provincia.* Veré de lo que me acuerdo.

El coronel Bantry intercambió una mirada cómplice con sir Henry Clithering. Finalmente la señora Bantry sugirió:

—¡Por favor, querido! Inicie el tema, me tiene muy agitada.

El bondadoso médico L. B. Lloyd, nuevamente chasqueó la lengua, tosió y dijo:

—La historia fue así: el domingo de madrugada, detrás de la montaña llamada Las Coloradas, terreno militar de Puerto de la Luz, fue encontrado el cadáver de una señorita inglesa, presentando una herida en la frente. Pronto se supo que la tal señorita era pasajera del vapor inglés Andorinha. El suceso de su muerte parece que ocurrió en la forma siguiente:

> En calidad de turistas viajaban en el vapor inglés Andorinha, Miss Curtis y Miss Sarah Middlemore, ambas amigas íntimas se conocían desde hacía muchos años y durante algún tiempo en la pasada guerra, trabajaron de motoristas guiando camiones. También a bordo del mismo vapor venía otra señorita inglesa amiga de estas dos. El lunes pasado llegaron de Liverpool y dicho día marcharon dichas señoritas de excursión a Santa Brígida continuando viaje aquella misma noche en el vapor para esta capital y Puerto de La Cruz.
>
> El Andorinha regresó el sábado a Puerto de la Luz. La mayoría de los turistas que conducía, marcharon al campo; y otros quedaron en la población. Entre estos últimos estaban Miss Curtis y Miss Middlemore, que juntas, como era en ellas costumbre, marcharon de paseo por las calles del Puerto hasta que llegaron al restaurant Las Delicias, en Las Canteras, donde almorzaron. Eran poco más o menos las doce. Terminaron de almorzar y continuaron su paseo hacia la Isleta tomando la calle Camino del Faro que termina en las proximidades del camino que conduce a la playa El Confital. Siguieron por aquel camino y al llegar a la puerta que está a la entrada de los terrenos militares continuaron por allí dicho paseo.
>
> Avanzaron unos dos kilómetros más allá de donde están las Salinas y, después de estar sentadas, se bañaron juntas

saliendo ambas de este primer baño sin novedad. Unas horas más estuvieron por aquellos sitios de paseo llegando hasta donde termina el camino posible de transitar, detrás de la montaña de Las Coloradas, la siguiente hacia el paso de la del faro de la Isleta. En este mismo sitio está la playa llamada de Los dos caminos, sitio peligroso por el estado del mar, Dora Curtis manifestó a su compañera y amiga vivos deseos de bañarse en aquel sitio.

Miss Middlemore no quiso bañarse, más la otra se decidió a hacerlo por lo que esta le dijo que, en vista de sus deseos, se marcharía al Puerto e iría a bordo del vapor a buscar a la otra amiga para ambas esperarla en el balneario donde todas comerían a las siete de aquella noche. Ambas amigas convinieron en lo expuesto por Miss Middlemore por lo que ésta marchó camino del Puerto, dejando allí a su amiga dispuesta a bañarse.

Miss Middlemore llegó al vapor en busca de la tercera amiga, que no encontró por estar de paseo por la población. Al no encontrarla marchó al balneario donde esperó por Miss Dora Curtis hasta después de la siete. En vista de que no llegaba, púsose a comer. Terminó de comer y llegó a bordo del Andorinha cerca de las nueve. Al llegar, lo primero que hizo fue preguntar por Miss Dora Curtis. Nadie le daba noticias. Entonces pensó que algo extraño había ocurrido a su amiga, y dio parte al capitán del Andorinha de lo que dejamos relatado, todo lo cual ha sido manifestado por Miss Middlemore.

Al conocerse a bordo la desaparición de Miss Curtis, se ordenó que la playa donde aquella se bañó y sus cercanías fuesen registradas por temor a que por desconocimiento del camino se hubiese extraviado. Dos veces se registró minuciosamente, no dando resultado alguno, marchándose el vapor a las 4 de la madrugada. Al jefe de las salinas se le dejó el encargo de que a la mañana siguiente la buscase. Este individuo manifestó que vio pasar a dos inglesas hacia el mediodía, y que por la tarde, vio regresar a una sola. Al alba el salinero y su familia salieron en busca de Miss Curtis. A los dos kilómetros fue encontrada muerta en la orilla de la playa.

El cadáver fue hallado en traje de baño, boca abajo y con una herida en sien derecha. Además, en una de las manos tenía una media apuñada. Es muy probable que al salir la señorita Curtis resbalase en aquella parte tan llena de limo y cayese sobre los mariscos produciéndose la herida de la frente y que por efecto del golpe quedara sin conocimiento. La media que aparece apuñada se supone que la cogiera para atajar la sangre que manaba de la herida producida.

Tal vez estuviera con vida algunas horas, y para desgracia de aquella no pasase por allí ningún pescador. Las ropas de la víctima no aparecieron. La pleamar pudo habérselas llevado. Solo se encuentra en la playa de Las Canteras una cartera con algunas viandas.

La autopsia del cadáver fue practicada por los médicos militares. El dictamen dice que murió ahogada, y no estrangulada como se dijo. Queda ahora la incógnita de si se trata de un suicidio, de un hecho fortuito o de un acto criminal.

La finada era artista, tenía 41 años de edad y era natural de Londres.

Extrañamente Lloyd añadió:

—Esta es la versión del periódico *El Progreso*, del día 07/07/1920, págs. 1 y 2, la crónica se titula: *Una señorita inglesa, pasajera del vapor Andorinha, es hallada muerta.*

Y levantándose con brusquedad salió a escape del salón de los Bantry dejando un reguero de voces que le increpaban de esta manera:

—¡Doctor Lloyd! ¡Doctor Lloyd! ¿A dónde va? Vuelva y termine.

*

Después de cierta incomunicación entre los miembros de tan distinguido Club, llegó un nuevo martes. Previas notas suplicatorias, enviadas a los integrantes de la tertulia por la adorable Miss Helier, se reunieron todos los componentes de la sociedad en el agradable salón de Dora Bantry.

El doctor Lloyd traía una carpeta azul con los recortes de periódicos, que fue sacando cuidadosamente. Circularon los amarillosos y ásperos papeles de mano en mano. El doctor, cual minucioso escribano, había hecho unas anotaciones en los bordes de los recortes. Estas anotaciones eran el nombre del periódico y la fecha de su publicación. Además, a cada fragmento de prensa le había adherido, fijándola con cola blanca de la acreditada marca Pelikan, en el ángulo superior izquierdo, una hoja con la traducción al inglés de la crónica allí relatada.

La presencia de los recortes de prensa obligó a un intercambio de gafas de los participantes, salvo Joyce Helier, que entornaba mimosamente sus esplendidos ojazos verdes.

Lloyd tomó la palabra exponiendo su labor investigadora y archivística. Predicaba con cierto placer dando aquellas nuevas, si no agradables, sí instructivas.

Quiso el doctor explicar algunas características geográficas sobre la playa de Las Canteras, también conocida en fechas anteriores como el Arrecife. Explicaba cómo esta hermosa playa forma parte de un gran arco de arena, en esta zona, y de piedras volcánicas y rocas mezcladas con arenas, por la zona donde se bañó la malograda Miss Curtis. Este enorme arco es denominado Bahía de El Confital. Incluso se atrevió el cronista Lloyd a comentar que este nombre de Confital era por el color blanco de muchas piedritas de la zona, que parecen confites o dulces azucarados.

Acto seguido, el anciano médico recogió con mucho celo los fragmentos de prensa. Ahora, ya guardados, reabrió la carpeta y extrajo seis hojas, cada una con el nombre de su destinatario. Las hojas venían timbradas con el distintivo de la empresa The Grand Canary Coaling Ltd. Junto al texto publicitario, escribió el galeno: «*Observations*».

Debajo de este titular se enumeraban, por las dos caras del folio, cuantiosas observaciones que el doctor quería tener en cuenta y comentar, como así especificó.

—Creo, doctor Lloyd —dijo el coronel Bantry—, que las tres primeras observaciones: autoridades, puerto y líneas navieras, podríamos obviarlas en este martes.

—Sí, sí —ardorosamente insistió Joyce—, de eso ya hablamos el último día. Vamos al caso.

—Nos gustaría conocer algunos detalles de ese *restaurant* o casa de baños, doctor —apostilló tímidamente Miss Marple—. ¿No será algo impropio para oír las señoras, verdad?

—¡Oh! No, no, querida Miss Marple. Todo lo contario. En la época que estamos tratando, Las Delicias era un lugar muy agradable que a determinadas horas reunía a familias, tanto para el baño, como para tomar las comidas del día. Este *restaurant*-merendero es más conocido por La caseta de Galán. Estaba fabricado sobre un conjunto de troncos que soportaban un amplísimo local con terraza, cabinas de baño e, incluso, salas de duchas para señoras y caballeros, por separado, ¡por supuesto, querida!

»Por las mañanas —continuaba el relator—, tenía un público fijo de jóvenes deportistas que hacía natación hasta una barra natural que protege cuidadosamente este arenal o playa de arena casi blanca. Muchos de ellos volvían al caer de la tarde para este y otros ejercicios. Incluso, algunos acudían con sus caballos para correr por tan magnífica pista, pero últimamente se ha prohibido realizar este peligroso deporte en lugar donde acuden tantas familias distinguidas en verano, principalmente.

»En determinada época del año, ir a cenar en la terraza era una verdadera delicia y durante todo el año se ofrecían unos atardeceres con vista al gran pico del Teide. Puedo decir —cambiando su tono suave de voz por otro algo más enérgico—, que he viajado mucho, como ustedes saben por mi trabajo de médico de compañía naviera, que no hay otros atardeceres más bellos que los que se ven desde Las Canteras.

La exposición del galeno fue interrumpida por Miss Barton que preguntó:

—Estoy confundida, ¿era Las Delicias o La caseta de Galán el nombre de este sitio donde almorzaron las jóvenes turistas?

—Ambos nombres. Realmente el primero era el oficial, pero la gente lo conocía por el segundo. Antonio Galán Cruzado —retomó la palabra el cronista ocasional—, y no José, como dice esta crónica, lleva este importante negocio que amplió de otro que tiene en la proximidad[3]. En la fecha del suceso, 1920, este *restaurant*-balneario lo llevaba con mucha autoridad. También en esta playa había o hay, mejor dicho —aclaró Lloyd—, dos instituciones médicas muy relevantes. Una es nuestro hospital Victoria, que llevaba, por aquella época, el colega doctor Francis Cross y la otra es una muy noble institución llamada Hospital Casa-Asilo de San José, fundada y dirigida por el doctor Lucas Apolinario, creo que ya fallecido.

3 Antonio Galán Cruzado, natural de Huelva, había sido soldado en la Guerra de Cuba, al regreso a Europa se queda en Gran Canaria. Excedente del Ejército se casa y tiene hijos. Hubo un José Galán, comerciante en Tenerife y un empleado de Justicia también José Galán, pero sin parentescos con Antonio Galán Cruzado, o al menos no declarados.

—¡Oh! Lucas como el evangelista que también era médico —dijo Mrs. Bantry.

—Y también el médico evangelista era pintor, no lo olvidemos, querida —redondeó Miss Marple.

—Bueno, bueno, vayamos al asunto que nos trae —cortó la conversación el coronel.

—No crea coronel que esto es tan irrelevante. Los nombres, como las profesiones, pueden darnos muchas pistas, mucha información. A veces —siguió hablando Miss Marple—, los escritores ponen nombres a los personajes por su significado, por la lectura críptica que se puede hacer de ellos, por el mensaje que evocan...

—Adelantemos algo más —sugirió sir Henry Clithering—, podemos pasar a otras de las observaciones que tiene usted, Lloyd, apuntadas.

—¿Se refiere usted, sir Henry, a la de los nombres? —preguntó el interpelado.

—Sí, estimado amigo. La número siete precisamente —correspondió sir Henry—. Veo —continuó—, que la compañera de Miss Curtis tiene distintos apellidos, unas veces Reynold, otras Middlemore o Midlemor, y otras Mydelomore. Si yo quisiera investigar o pedir información a algunos conocidos que tengo en Scotland Yard o entretenerme localizando la noticia en los periódicos no sabría qué hacer, qué buscar exactamente.

¡Ji, ji, ji! Reía de forma ratonil nuestro médico.

—Esto es alguna de las peculiaridades de aquellas tierras. Tanto Santa Cruz de Tenerife como el famosísimo Puerto de la Cruz o Las Palmas de Gran Canaria son *resorts* afamados, no cabe duda; pues bien, no más del dos por ciento de aquella población, junta o por separada, habla correctamente nuestro idioma. Llevamos varios siglos de relaciones comerciales, tenemos iglesias y cementerios propios, etc. Pues, como digo, solo un dos por ciento habla con soltura el inglés —continuó el doctor informando —. Hay un elevado número de personas relacionadas con el comercio que son capaces de hacer traducciones de textos con fidelidad, pero, como decía, son incapaces de hablar con corrección y mucho menos de redactar. Eso sí, han transformado algunas palabras nuestras en otras que nosotros mismos no sabemos a qué se refieren. ¡Ji, ji, ji!

—¡Entonces! ¿Cómo se apellidaba la compañera de Miss Curtis? —preguntó Miss Helier.

—Mydelomore, querida Joyce, Mydelomore —reforzó sir Henry.

—Por eso, querida —continuó Lloyd—, hay que leer todos los documentos que he traído y, en este caso, los últimos nos ratifican el apellido, pues ya los periodistas habían podido comprobar en los papeles oficiales la ortografía de los nombres. Vea los periódicos: *Diario de Las Palmas*, 21/07/1920, pág. 2; y *La Provincia*, día 22/07/1920, pág. 2:

> Se asegura que el sábado llegará a esta población la señorita inglesa Miss Sara Mydelomore, compañera de Miss Dora Curtis, que apareció muerta en la playa del Confital de la Isleta, hace pocos días, en traje de baños.
>
> Se añade que dicha señorita está reclamada por las autoridades con motivo del sumario que se instruye por aquel suceso que oportunamente relatamos en estas columnas.

»La diferencia de la noticia en un periódico u otro es pequeña, en este caso, pero algo similar sucede con la edad. Hay que recurrir al periódico del día 7 de julio de 1920, *La Provincia*; concretamente, página 4, para saber que la desafortunada Curtis tenía 42 años, corroborado con sus documentos privados.

—La edad puede ser una señal a tener en cuenta —argumentó Joyce—. La edad puede llevar a algunas chicas a cometer actos indeseables, muy desagradables —subiendo la voz, acabó Joyce su frase—. He visto cosas horrorosas en el teatro. ¡Dios nos libre!

—Observe, querida —tomó la palabra Dolly Bantry—, que se advierte que la señorita Curtis era artista, aunque no se dice de qué disciplina.

—No, lo desconocemos —chasqueó Lloyd—. Tampoco se dice si tenía relación con la naviera, solo que su capitán se tomó serias molestias en la búsqueda.

—Sí, pero se marchó, Lloyd —habló de nuevo Mrs. Bantry—, se marchó.

—Querida señora, si no hay delito comprobado no se puede retener a nadie —aclaró sir Henry—. Hasta aquel momento de la partida del barco, solo se sabía que Miss Curtis no se había presentado, pero no se sabía por qué causas. ¡Y podían ser muchas!

—Bueno, sir Henry. Pero qué chica, qué señorita de bien se atreve a perder un billete tan caro y con dificultades para el siguiente barco —dijo Mrs. Bantry.

—Una artista, querida Dora, una artista de barco —remató Mr. Bantry.

—¡Oh! Sí —añadió Joyce Helier—. Algo se ha podido oír de las cosas que suceden en los barcos. Pero coronel, ¿no estará usted insinuando que las artistas no tenemos decoro? —esto último lo dijo elevando su habitual tono de voz.

Sir Henry se puso algo inquieto, tosió repetidamente. Recuperada la calma, habló sir Henry:

—No querida Joyce, lo que el coronel quiere decir es que tenemos que tener en cuenta todos los aspectos. ¿Verdad, buen amigo? —fijando la mirada en el coronel Bantry.

—¡Oh! Sí, sí, querida Joyce —corroboró el coronel Bantry.

—¡Ah! Caramba —interrumpió, chasqueando la lengua contra el paladar, el doctor Lloyd—. No, no era Lucas. Lucas era el primo del doctor Apolinario. Don Lucas era… —hace un inciso—. Creo que aún vive. ¿Por qué no? Somos casi de la misma edad, bueno él un poco mayor que yo, según creo. Digo que don Lucas era un hombre interesantísimo, relacionado con The Grand Canary Coaling, su hermano era el gerente. Don Lucas era director, entre otras muchas cosas más, no solo de la Cruz Roja sino de una institución llamada La Previsora. Institución ubicada al oeste de la ciudad, cerca de los Riscos, que hacía una gran labor con las clases modestas de artesanos y trabajadores. ¡Oh! En aquellos tiempos de hambre, la tuberculosis hacía grandes estragos. El doctor Apolinario, el doctor Apolinario se llamaba… —miraba pensativo Lloyd los papeles que tenía entre sus manos.

—Bien, bien —interrumpió el coronel Bantry—, pasemos a la siguiente observación. Mi mucha experiencia, y especialmente la de esta desdichada y devastadora última guerra, me permite hacer otra consideración con respecto a estas jóvenes artistas o no artistas. Mi consideración es que tenían que ser mujeres fuertes y hábiles. No todas las mujeres pueden conducir estos pesados y duros vehículos. Nosotros nos encontrábamos, en determinados momentos de la guerra, en momentos en que había que elegir a jóvenes granjeros o trabajadores endurecidos en nuestros muelles para guiar camiones de cierto tonelaje y para determinados sitios. No solo es conducir sino tomar decisiones, a veces, muy apuradas de tiempo y con grandes riesgos. Los *chauffeurs* tienen que ser gente aguerrida, brava.

—¡Ah! Ya está —como si un poderoso resorte hubiese lanzado al anciano doctor Lloyd contra el cielo, este se puso de pie asustando a la concurrencia.

El grito fue unánime:

—¡Doctor Lloyd! ¿Qué sucede?

—El doctor Apolinario se llamaba Bartolomé. Sí, sí, Bartolomé, Bartolomé —terminó enrojeciendo de alegría el sabio, y hasta aquel momento, moderado galeno.

—¡Bueno! ¡Bueno! Otro nombre de apóstol también —susurró alegremente Mrs. Bantry.

—Otro nombre de apóstol, es que los nombres… —exclamó tímidamente Miss Marple.

—¡Oh! Tía Jane, tiene usted una gran sensibilidad para estas cosas tan difíciles —dijo emocionada Joyce Helier.

El buen médico Lloyd se alargó con unas agotadoras observaciones sobre los señores Apolinario y su familiar, don Lucas. Don Lucas, no se sabe qué cosa más, y Apolinario. No quedó muy claro si este don Lucas era médico o solo persona muy relacionada con el mundo de la medicina y cierto atrevimiento, el de don Lucas, en recomendar algún fármaco, según su intuición y experiencia con los médicos.

Nuevamente intervino sir Henry cortando aquellas efusiones y añoranzas de Lloyd.

—Debe usted aclararnos, estimado doctor, por qué en unos periódicos se dice que las pesquisas las inició el señor Galán y en otros el capitán del Andorinha, el barco de la Yeoward. Lo señala usted en la observación décima.

Serenando sus efusiones y chasqueando la lengua, como solía hacer, Lloyd empezó a enumerar una serie de considerandos sobre lo que era la zona de El Puerto en 1920, con tantos súbditos alemanes y austriacos abandonados por sus gobiernos; y sobre la autoridad moral del señores Galán. Así mismo habló del interés de las compañías navieras de dar toda clase de seguridades a sus clientes, pues la Gran Guerra les había hecho estragos en sus cuentas de negocios y había que recuperar el mercado de turistas con mucha celeridad.

Miss Marple empezó a recoger su labor de aguja y a buscar con la vista sus piezas de abrigo.

—Jane —interrumpió sir Henry—, ¿le sucede algo?

—¡Se viene una tormenta! —contestó algo alborotada Miss Marple.

—No he notado nada —dijo Dora Bantry.

—Sí, querida —replicó Miss Marple—. Me duele intensamente la rodilla izquierda y Tobby ha corrido hacia su aposento. Los perros tienen especial oído para percibir las tormentas. Tobby se ha ido a esconder a los bajos de su cama, querida Dolly.

Acto seguido Miss Marple se levantó e hizo algunos aspavientos para que le alcanzaran su capa, mientras se ajustaba la manteleta por los hombros y el pañuelo al cuello; ya se pondría otro por la cabeza y se coronaría con un mínimo sombrerito de fieltro oscuro.

Sir Henry Clithering acudió pronto a tomar la capa gris de antigua enfermera de la guerra Boers, propiedad que Miss Marple usaba. Los dedos del ex agente de Scotland tropezaron con una etiqueta blanca del reborde interior de la capa que tenía bordado en letras rojas: «U. C. Ltd. KILDONAN».

Todo era un revuelo de brazos, mientras angustiado por la situación del movimiento incontrolado que tomaba la sala de Gossington Hall, el doctor Lloyd recogía apuradamente los recortes y papeles, salvo el de sir Henry, que había insistido en retenerlo para estudiar mejor *The doctor's observations.*

*

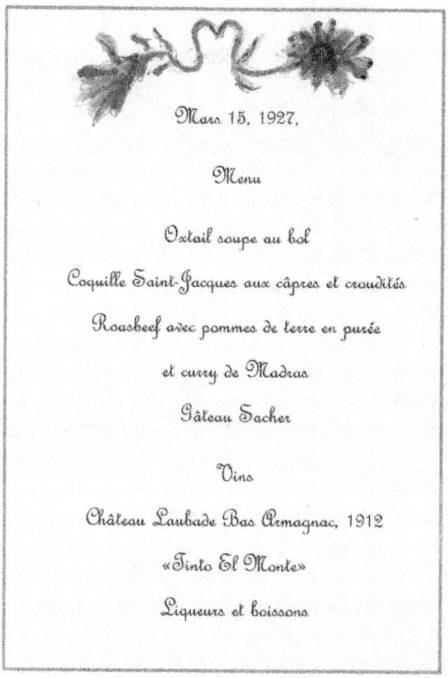

Mars 15, 1927,

Menu

Oxtail soupe au bol

Coquille Saint-Jacques aux câpres et croudités

Roasbeef avec pommes de terre en purée

et curry de Madras

Gâteau Sacher

Vins

Château Laubade Bas Armagnac, 1912

«Tinto El Monte»

Liqueurs et boissons

—¡Oh! Querida Dolly. Muy ocurrente, muy ocurrente en denominar la botellita de vino que le envié para esta noche, ya me quedan pocas. Los vinos de El Monte, en Gran Canaria… —se extendió el doctor Lloyd con profusión de datos sobre el cultivo enológico en las cenizas volcánicas de Bandama.

—El Laubade lo trajo mi esposo de Francia, después de la guerra. Creo que la ocasión merecía su descorche. ¿Hoy, por fin, conoceremos la solución, querido doctor?

—La solución vendrá, ella vendrá, amiga mía, pero si llego a saber que usted ofrece esta opípara cena… —chasqueó la lengua, como solía hacer en momentos de su interés—. No es que las otras le desmerezcan. ¡Eh! Me alargaré en los datos del homicidio o crimen para volver a tener una cena tan sustanciosa, tan deliciosa. Me ha recordado a las cenas del hotel Metropole... ¡Ji! ¡Ji! ¡Ji! —esto último lo dijo con mucho deleite.

—¡Oh! No, no, querido amigo —dijo sir Henry, divertidamente—. ¡Ya esto es fruta madura!

—Dolly, permítame decirle que todo en su casa es muy agradable, y que decorara usted la cartulina del menú con estas florecitas amarillas… tan delicadas… tan sugestivas… Es encantador… —alargaba musicalmente las palabras Joyce Helier.

—Estas flores amarillas, querida Joyce, se llaman caléndulas porque representan a las calendas romanas; observe qué día es hoy. Y no olvide, querida, que Dolly es una gran conocedora de la botánica y del lenguaje de las flores —sonrió amigablemente Miss Marple.

Simultáneamente a este comentario, Miss Dolly Bantry colocaba su servilleta usada a la izquierda del plato de postre, aún no retirado. La cena se daba por terminada. Inmediatamente las señoras presentes hicieron movimientos de levantarse.

—¡No, no, no! No se levanten ustedes, mis queridas amigas, sin oír mis elogios —comentaba sir Henry Clithering—, sobre esta finísima tarta Sacher. ¿Es de su mano, Marple? ¿Verdad?

La referida sonrió orgullosamente.

—¡Bah! Sir Henry. Es una receta muy conocida, ésta es de mi tía abuela, que le daba un toque inusual a sus postres.

Los miembros del Club de los martes fueron ocupando los sitios habituales. Entre dientes se oyó decir que aquel vino de Canarias era algo fuerte, propio para otros paladares.

Entra en la sala Mary, la doncella, llevando una bandeja grande de plata donde se pueden ver: tres copas de Oporto, dos de Cognac y un vaso de Escocia. Cada uno de los miembros tomó lo suyo, según habían pedido antes de sentarse a tomar la cena.

Joyce Helier rompe el fuego dirigiéndose al doctor Lloyd.

—No se dice nada de la otra joven inglesa, ni su edad ni su nombre…

—¿Se refiere, Joyce, a la que permaneció en ese barco? El Andorinha —aclaró Mrs. Bantry—. Pudo ponerse de acuerdo con Miss Mydelomore y ambas cometer el delito. ¿Verdad?

—No, no lo creo —chascó Lloyd la lengua—. Aquel paisaje no permite ocultarse, es una zona… diríamos, desértica. De un solo golpe de vista se barre completamente. Además, recuerde querida, que hemos leído que la familia del salinero declaró que vio ir en dirección a El Roque a las dos jóvenes y volver solo una.

—Me sigue intrigando… —prosiguió Mrs. Bantry—. ¿Cómo es que estas jóvenes, teniendo a mano ese merendero o caseta del señor Galán, con tales comodidades para cambiarse de ropa y otras necesidades propias de los baños de mar, prefirieron alejarse tanto? Dice usted, Lloyd, que mucho más de dos kilómetros.

El coronel susurró por lo bajo «la media». Tanto Joyce Helier como Mrs. Bantry se enrojecieron suavemente.

—No, lo de la media, coronel, no es admisible. Una persona que muere ahogada no retiene un objeto en su mano, salvo que esté puesto a propósito o se le haya enredado —puntualizó Miss Marple.

—Desde luego, querida amiga —aceleradamente habló sir Henry—. La señorita Curtis no se cayó desde esa altura de treinta metros que señala el periódico. Ese, el no sé qué de Las Palmas.

—Diario, *Diario de Las Palmas* —apuntó Lloyd, buscando afanosamente entre sus recortes—. Día 5 de julio de 1920, página 3.

—Pues ese periodista de ese *Diario de Las Palmas* escribió muy apurado —continuó el antiguo servidor de Scotland Yard—. Si la señorita Curtis se hubiese caído, empujada o no, desde esa altura se hubiese destrozado el cráneo y tendría varios huesos rotos.

—Hemos leído que falleció de sumersión —categorizó Miss Marple.

—Sí, ese fue el resultado que comunicaron las autoridades médicomilitares. Militares porque el área o zona está bajo su jurisdicción. El recorte es del día 7 de julio, página 4, pero lo dicen en *La Provincia*, el otro periódico. Este periódico era de la mañana. En fin, bajo esa disposición se le registró en el cementerio de Saint Joseph, el cementerio británico de la ciudad...[4]

Lloyd iba a tomar la iniciativa de una prometedora y larga información sobre las facultades jurídico militares o algo así, cuando percatándose de ello, Miss Helier le interrumpió afablemente.

—Tampoco se habla de la ropa de Miss Curtis. ¿Dónde las dejó, si llevaba toalla? ¿Dónde estaba la otra media? ¡Uy! Muchas preguntas, ¿verdad?

—Sí, querida, todas muy importantes. Por ejemplo: ¿tenía Dora Curtis puesto el gorro de goma para bañarse? —puntualizó Miss Marple.

—No. No hay ninguna reseña del gorro —contestó Lloyd.

—No entiendo la diferencia entre homicidio y crimen, sir Henry —preguntó Miss Helier conociendo que la respuesta sería directa y breve.

—Bien, querida. Crimen es cualquier hecho violento delictivo. Homicidio es cuando una persona produce la muerte de forma involuntaria. Asesinato es cuando hay voluntad expresa de producir la muerte.

—Dolly, querida —tomó la palabra el coronel—, disculpa esta indiscreción: ¿alguien se pondría las medias teniendo la ropa de baños puesta?

---

4 Documento de libre consulta que transcribe el libro de registro, en *Bristish Cementery of Las Palmas*: *Surname*: Curtis, *Forename*: Dora, Grave: 368/434; *Age*: no se indica; *Date*: 05.07.1920; *oficiant*: British Consul; *Additional information*: ss ANDORINHA found drowned on Confital beach; reused [sepultura].

—¡Oh! Arthur. Eso sería muy complicado e innecesario, aparte de arriesgarte a romperlas. Las medias no son baratas, querido. Ya ninguna señora se baña con medias puestas. No creo que estas chicas, que han sido conductoras de camiones, tomen esa medida anticuada.[5]

—Con las guerras —habló insinuosamente Miss Marple—, las costumbres han cambiado muchísimo. Igual pasó después de la guerra de los Bóers.

—Jane, estimada amiga —invitó caballerosamente sir Henry a Miss Marple—, por su sonrisa, y concentración en la labor que está haciendo, creo que ya usted tiene la respuesta: ¿homicidio o asesinato? Nos puede informar de sus conclusiones.

La interpelada sonrió modestamente. Tomando la palabra dijo:

—Ahogada no, asesinada sí.

—¡Querida! ¿Cómo puede decir eso? —abriendo mucho los ojos, suspiró Mrs. Bantry.

—Ahogada, indudablemente no —dijo el doctor Lloyd—. Si se hubiese ahogado el cadáver no hubiese aparecido tan pronto, habría ido al fondo del mar y este, allí muy bravo, lo arrastraría. Allí el mar bate mucho y hay poderosas corrientes, y los alisios en esa fecha están graduados de fuertes a muy fuertes.

—Ni hubiese Miss Curtis mantenido esa dichosa media en la mano. ¿Se imaginan a una persona que esté ahogándose que retenga una media en el puño? La víctima abriría la mano para agarrarse a lo que fuera, aunque no hubiese nada donde agarrarse —aseveró Miss Marple.

—Además, en el caso de haber resbalado sobre las rocas planas llenas de líquenes o limos marinos —como indica uno de los periódicos—, tendría la señorita Curtis múltiples hematomas y roturas de huesos, pero se hubiera arrastrado dejando manchas de sangre y solo se indica que tenía la cara estropeada y una fuerte herida en la sien derecha. Si la muerte se produjo por la tarde —prosiguió sir Hen-

5 CHRISTIE, A.: Autobiografía, pág. 123. Donde se relata esta «obligación» a principios del siglo XX.

ry—, y el cadáver apareció por la mañana, tuvo que haber uno o dos cambios de marea. El oleaje, en cualquier momento, habría arrastrado el cuerpo de la fallecida, como hizo con las ropas, ocasionándole múltiples daños. En la noticia hay imprecisiones, tal vez intencionadas.

—¡Oh! Qué horror —rompió bruscamente Miss Helier, llevándose las manos a la cara.

—¡Serénese querida! Es horroroso, pero no podemos intervenir en ello —dijo con cierta suavidad Mrs. Bantry.

—Me llama la atención que la familia del salinero no descubriera el cadáver antes, sabiendo donde se bañaba Miss Curtis —continuó Joyce—. Los niños y jovencitos son muy curiosos…

—Y les gusta importunar a las damas. Recuerdo cuando estuve allí —quería seguir hablando Miss Marple cuando un murmullo interrumpió su exposición.

—¡Marple! No nos había dicho usted nada de su estancia en Canarias —asombrado comentó el doctor Lloyd, su observación fue avalada por un rumor indefinido.

—Una, querido, no siempre ha vivido en el mismo sitio —sonrió burlonamente la interpelada.

Repuestos de la confesión de Jane Marple, el doctor Lloyd retomó la palabra.

—El salinero no tenía hijos ni familia menuda, tal es que tuvo que organizarse para localizar a la fallecida, pero es verdad, en esta información hay algunas imprecisiones que se me han escapado en las observaciones que he planteado. Tal vez Mydelomore señaló erróneamente o intencionadamente el sitio.

—Bien —interrumpió el coronel, temeroso de que Lloyd tomara la palabra—. ¿Qué debemos pensar, Miss Marple?

—Que fue un homicidio o un asesinato, seguro. El móvil no lo puedo concretar sin conocer quién era la otra compañera de viaje, pero —continuaba con su habitual ceremonia Miss Marple—, estamos hablando de dos antiguas e íntimas amigas endurecidas en la guerra. Me temo, que después de unas palabras algo fuertes, cuando Miss Dora Curtis se agachaba para recoger su ropa —que ha desaparecido y no por efectos del mar, como ya se ha aclarado—, la Mydelomore agarró la cabeza de la pobre Doris y la golpeó fuertemente contra el suelo y, con una piedra, también la golpeó en la sien derecha. La víctima, en su espanto y dolor, cerró el puño con toda la fuerza que el dolor le imponía. El entorno quedaría lo sobradamente manchado cómo para no poder distinguir la piedra asesina, que tal vez fue lanzada al fondo del mar. No hay huesos rotos, solo experiencia bélica.

—¡Marple! —silabearon al unísono Joyce Helier y sir Henry.

—Dolly, querida —habló calmosamente el coronel Arthur Bantry—, deberías comentar esta historia a nuestra nueva vecina, cuando vuelva de Canarias.

—Arthur. Nuestra vecina fue a Canarias el año pasado —le contestó Mrs. Bantry—. No dudes, querido, que se lo contaré a nuestra vecina, Mrs. Christie.

Playa de Las Canteras, Gran Canaria
A la dcha. La primera Caseta de Galán, 1920, aprox.

NOVELERÍAS SOBRE AGATHA CHRISTIE EN CANARIAS

¿QUIÉN ES MRS. CHRISTIE?

¿Quién no conoce a la escritora Agatha Christie?

Escribamos aquí unos apuntes o notas biográficas que pueden afectar a las hipótesis que queremos demostrar, o que nos aproximen a ellas.

Mary Clarissa Agatha nació el 15 de septiembre de 1890, bajo el signo zodiacal de Virgo. Hija del neoyorkino, hombre de finanzas y *bon vivant*, Frederick A. Miller (1846-1901) y de la aristócrata, o con ínfulas de serlo, Clara Boehmer (1854-1926), natural de Belfast.

La muerte del capitán Frederick Boehmer, padre de Clara, trastornó la situación económica familiar. Esta luctuosa circunstancia hizo aconsejable que Clara se trasladara a Inglaterra, a Sussex, a casa de su tía Margaret, casada con el norteamericano y millonario

Nathaniel Frary Miller. La estancia en casa de la tía materna Margaret permitió que Clara conociera a su futuro esposo, el hijastro de la tía Margaret, con quien casó en 1878[6]. El nuevo matrimonio daba presencia, una vez más, a un *victorian marriage assemble* o combinación matrimonial. En este contrato matrimonial, una parte, la británica en este caso: Clara Boehmer, con muchos parientes aristócratas, pero sin dinero[7]; aportaba hidalguía y pocos recursos financieros. La otra parte, la norteamericana, en este caso Frederick Alvah Miller, compensaba con recursos monetarios y leyendas bursátiles.

El boyante matrimonio Miller / Boehmer participaba plenamente de la gran vida social victoriana. Festivas temporadas londinenses alternaban con numerosos viajes y glamurosas jornadas en la *riviera británica*. En una de estas temporadas veraniegas en Cornwall (Cornualles) nacería la primera hija del matrimonio, *Madge*. Margaret Frary Miller (1879-1950) casará y tendrá descendencia con James Watt. En uno de los viajes que el matrimonio Miller realiza para estar con la familia de Massachusetts, de Frederick, y también para negocios, supongo, nacerá el segundo hijo: *Monty*. Louis Montant (1880-1929) permanecerá soltero y sin descendencia conocida.

El bienestar del matrimonio Miller permitió la adquisición de la espléndida casa de Ashfield, en el distinguido barrio de Torre en Torquay, la *riviera británica*. Edificio que fue generosamente amueblado y alhajado con las adquisiciones que Mr. Miller gustaba de hacer por diversos medios, como la participación en subastas. La elegante mansión fue el lugar de nacimiento de nuestra protagonista: Agatha (1890).

La educación de Agatha Miller estuvo orientada a conseguir un buen partido matrimonial, otra cosa era inadmisible en su distin-

---

6 CHRISTIE, A.: Autobiografía. A lo largo de sus numerosas páginas podemos conocer la situación familiar, social, económica de las familias implicadas con Agatha Christie.

7 *La hierba mortal* en *Miss Marple y trece problemas*.

guido círculo social. En aquella época solo trabajaban las mujeres de la clase social menos favorecida económicamente o aquellas mujeres de clase media que habían sido impelidas por razones estrictamente económicas o «mujeres desgraciadas»[8] que han de buscar su sustento fuera de la protección familiar. Estas mujeres solían optar por el puesto de «señoritas de compañía» como la nuestra[9], así era Miss Durrant de la distinguida dama Mrs. Barton. Hago referencia al caso de la *Miss Marple y trece problemas,* por supuesto.

La infancia de Agatha Miller fue feliz, protegida por su señora madre y por la imprescindible *nanny.* Este equipo quedó reforzado con un sencillo profesorado, expresémoslo así, que impartía «clases de adorno», es decir: nociones de dibujo, música, protocolo, conversación, lecturas muy escogidas, etc. etc. etc. para preparar a la futura damisela. La incorporación de Agatha Miller al mundo escolar reglado fue algo tardía, pues su madre, Clara Miller, tenía treinta y seis años cuando dio a luz, una edad muy avanzada para aquella época —y más cuando el anterior parto había acontecido diez años ha—, por lo que prefirió, de acuerdo con su marido, educar a la niña Agatha en casa. No olvidemos, que era opinión socialmente aceptada, que Mrs. Miller era una persona «sensible a la atmósfera», como diría el Dr. Pender en *El ídolo de Astarté*[10].

Clara Miller era una dama muy delicada de salud y mente, algo que la hacía poseedora de cualidades extraordinarias, de sensibilidades poco usuales. Tal vez algunas personas de su entorno opinarían, discretamente, que la señora Clara Miller era neurasténica. Sea como fuere en la obra de Agatha Christie hallaremos numerosas referencias a ese mundo esotérico y paranormal.

En noviembre de 1901 la historia familiar de la señora Clara Miller se repite desagradablemente. Su esposo, el distinguido y algo

---

8 *Miss Marple y trece problemas. En La señorita de compañía,* referencia a mujeres que han tenido hijos en su soltería.

9 *Miss Marple y trece problemas. El Club de los martes,* «piensen lo que representa ser un acompañante (sic)… teniendo que mostrarse amable, estar de acuerdo siempre y someterse en todo».

10 *Miss Marple y trece problemas.*

enfermizo últimamente, Frederick A. Miller fallece víctima de una afección cardiaca. La muerte del *pater familias* certifica que la familia Miller, como la de Frederick Boehmer, en 1863, estaba viviendo por encima de sus posibilidades económicas y que urgía reducir gastos sociales. Afortunadamente Madge ya estaba comprometida y pronto se convertiría, en 1902, en señora del distinguido, y bien provisto económicamente, James Watt[11].

Por su parte, el atrabiliario Monty se había incorporado plenamente al ejército imperial, participando en la guerra contra los bóers. Aunque esto último fue un capítulo algo oscuro de la historia victoriana, muchos de sus contemporáneos veían los conflictos coloniales como un medio adecuado para ganar posición social o morir gloriosamente en el intento.

La nueva situación familiar de los Miller aconsejaba que Agatha pasara a un centro escolar, cosa que sucedió. Es más, en 1905 se trasladó a París. La poca gracia física de las hijas de Frederick Miller abría un desagradable interrogante matrimonial y la Fortuna ya había sido muy generosa con el prometedor matrimonio de Madge. Agatha iría a París a recibir clases de canto y sondear otras posibilidades sociales. Mademoiselle Cabernet, Les Marroniers y Mademoiselle Dryden fueron los centros donde se probaron la voz y las disposiciones interpretativas de Agatha. Los resultados no fueron satisfactorios.

Estos entresijos de la niñez y juventud de Agatha Miller, después Christie, deben tenerse muy en cuenta a la hora de la lectura y análisis de su obra. El mundo ha cambiado muy rápidamente después de la II Guerra Mundial y numerosos elementos que aparecen en la obra de Agatha Christie pueden juzgarse como forzados, poco reales.

Inglaterra en 1910. Agatha Miller era una joven de 20 años y sin ningún compromiso matrimonial a la vista. La economía familiar

11 El abuelo de James, de igual nombre, había sido alcalde de Manchester y gozaba de la distinción *sir*. El señor Nathael Frary Miller tenía, también, empresas en Manchester.

no aconsejaba participar en la *season*, estación primaveral donde las jóvenes de familias relevantes se presentaban en sociedad. La *season* suponía acudir y ofrecer, bailes y recepciones, cambios de trajes y obsequios, y un sinfín de compromisos sociales onerosos.

Los enigmáticos problemas de salud de la señora Miller permitieron retrasar la dichosa presentación en sociedad y una buena disculpa a tan imperiosa necesidad social era trasladarse al Mediterráneo. El Cairo era una opción idónea, era la salida del laberinto. Egipto ofrecía un clima adecuado para el restablecimiento de la delicada y sensible salud de Clara Miller, además permitiría una presentación en sociedad poco costosa.

La situación política de Egipto seguía rozando el estado de colonia británica. Egipto era nudo de comunicaciones con la India y otras dependencias coloniales. Allí, entre Alejandría y El Cairo, se alojaba una nutrida sociedad algo más permisiva y menos protocolaria que en Inglaterra. Un elevado número de funcionarios y militares, especialmente, eran candidatos muy adecuados para un *victorian marriage assemble. Victorian* aunque estuviera entre el reinado de Eduardo VII o del rey-emperador George, The Fifh.

Ciertamente, este grupo colonial no estaba exento de intrépidos aventureros e impostores, de ambos sexos, pero el olfato de la viuda Miller los pondría a raya.

El lujoso Gezirah Palace sirvió de residencia principal de las señoras Miller. La estancia se alargó por tres meses en 1910. Nos dice Agatha, en su autobiografía, que no sintió ningún interés por las bellezas o curiosidad arqueológicas; sí, en cambio, que disfrutó muchísimo de las relaciones sociales. Lamentablemente los compromisos matrimoniales fracasaron. Ninguno de aquellos jóvenes de prometedor futuro presentó especial interés por la señorita Miller.

La estadía en Egipto permitirá la redacción de su *Snow Upon the Desert*, una novelita poco exitosa en su momento. ¿Pensaría la naciente escritora que su futuro estaría en ser la *companion* de alguna dama distinguida?

La vuelta a Inglaterra no cerró el campo de las actividades sociales, pero sí remarcó la necesidad de señalar unas metas, un futuro que de momento podría ser la literatura, gusto y afición ya manifestadas en Agatha desde casi su infancia. Algunas de estas obritas primerizas, de muy escasa calidad, fueron dadas a la imprenta, pero la viuda Miller solo admitía estas actividades como puro entretenimiento. Peligroso entretenimiento porque a los hombres mediocres no les agrada tener como esposa a una mujer de relevante personalidad y los hombres brillantes escasean.

«¿Verdad que sí, querida?», apostilló Mrs. Bantry.

El tema matrimonial, hoy un asunto poco relevante para una joven de educación occidental, generó breves y diversas relaciones en la vida de Agatha. Curiosamente estas relaciones fueron con hombres separados, dato que no debemos olvidar.

Archie es el nombre de un gran capítulo, podríamos escribir: del capítulo fundamental de la vida de la señora Agatha Christie, nacida Miller.

Archibald Christie colmaba todas las cualidades y características que una joven fantasiosa desea para su vida. Nacido en la mítica India, en 1889, llega hecho un jovencito a Inglaterra; Era un joven alto, de anchas espaldas y muy atractivo, de estilo rústico. Sus ojos azules eran tímidos y su sonrisa amable. Un gigante joven y agradable[12] de hidalga familia, pues el padre de Archie había sido juez o similar. Archie derrochaba donaire y portaba con elegancia su uniforme militar, y para coronación de fantasías era piloto de la naciente Royal Flying Corps. ¡Qué pena no haberlo encontrado en El Cairo!

El feliz encuentro aconteció en un baile ofrecido, el 12 de octubre de 1912, en los salones de la gran mansión de Ugbrooke Park, en Torquay, propiedad del barón de Clifford of Chudleigh.

Archie, como hombre inteligente que demostró ser durante su vida, puso toda su atención en aquella joven que cayó rendida a sus brazos. La atmósfera estremeció a la señora viuda de Miller que no auguró nada bueno.

Si Clara Miller intuía los acontecimientos bélicos inmediatos, no lo podremos determinar, pero el día 28 de julio de 1914 se quebranta la Paz Mundial. El teniente Archie es enviado a Francia para combatir en las Fuerzas Aéreas. Los acontecimientos se precipitaron y Archie propuso vida eterna. Agatha no dudó.

Durante la Gran Guerra, la señora Christie se ofreció al Voluntary Aid Detachment (VAD) con sede en Torquay. Agatha desarrolló con diligencia su compromiso, que ha dejado honda huella tanto en su personalidad, como en su obra literaria.

En 1918 Archie regresa triunfante con el grado de coronel y repetidamente laureado, primero con la DSO (Distinguished Service Order) y posteriormente con la CMG (The Most Distinguished Order of Saint Michael and Saint George), además de menciones honoríficas por sus actuaciones de guerra.

El joven matrimonio vio su felicidad hermoseada con el nacimiento de la que será su única hija, Rosalind.

Por otro lado, hubo cambios sustanciales en la vida de los Christie. Archie dejó el ejército. El inteligente coronel Christie, con solo veintinueve o casi treinta años de edad, se introdujo en el mundo de los negocios donde realizará importantes actividades comercia-

12 *Muerte en un lugar* en *Miss Marple y trece problemas.*

les. Agatha iniciará con pie firme, y de una manera irrevocable, su vocación literaria.

Wilkie Collins y Arthur Conan Doyle serán los dos referentes intelectuales para la escritora Agatha Christie. En 1920 tenemos la primera novela policíaca de Mrs. Christie: *El misterioso caso de Styles*. Entre sus páginas de esta primera obra nace el detective Hércules Poirot, sofisticado protagonista belga. La novela fue rechazada inicialmente por los editores británicos hasta que The Bodley Head se decidió publicar la compleja obra de Mrs. Christie. La aversión de los editores estaba en lo que posteriormente publicó el suplemento de la sección literaria de *The Times*: «el único defecto que esta historia tiene es que es casi demasiado ingeniosa... Se dice que es el primer libro de la autora y... una historia de detectives en la que el lector no sería capaz de localizar al criminal»[13]. Esta sutil, y creo que venturosa crítica, será confirmada por la misma sección literaria de *The Times* cuando se publique la tercera novela: *Asesinato en el campo de golf* (1923).

Ahora, Poirot-Agatha podrá leer que su obra «ofrece al lector un misterio apasionante de tipo poco común»[14]. Entre estas dos notables obras había sido publicada *El misterioso señor Brown* (1922), que presentó a una pareja de detectives: Tommy y Tuppence Beresford. Los elogios fueron surgiendo en los periódicos de las dos orillas del Atlántico, los suficientes como para enorgullecer y animar a una mujer de las cualidades de Agatha Christie, nacida Miller.

Desde 1901, queriendo reforzar y abrillantar el naciente, y previsiblemente breve, reinado de Eduardo VII, varios dirigentes británicos proponen hacer una gran exposición permanente titulada *British Empire Exhibition*. Los acontecimientos políticos fueron postergando su avance, finalmente la victoria compartida de la Entente, con las ideas independentistas del presidente Wilson, entre otras cosas; aconsejan la inmediata realización del proyecto.

Christie y señora formarán parte de la expedición.

13 *The Times Literary Supplement*, 3/02/1921, pág. 78.

14 *The Times Literary Supplement*, 7/06/1923, pág. 389.

THE BEE OF SOLANUM TUBEROSUM

La Primera Guerra Mundial, 1914-1919, comenzó con un movimiento pro británico de adhesión general en todas las colonias importantes: Australia, Nueva Zelanda, Sudáfrica, La India... Un millón largo de soldados y trabajadores indios sirvieron en Europa, en África y en el Oriente Medio, así como otras grandes aportaciones de otros territorios coloniales.

En 1916 se aprecian los primeros síntomas de cansancio en estas colaboraciones y, en el caso de la India resurgieron los movimientos nacionalistas. Ante el temor de contagio y expansión, el gobierno británico lleva a cabo una política de reconocimiento de cierta autonomía en los dominios mencionados. No obstante, algunos tropiezos graves invalidaron las esperanzas, como en la India donde la situación autonomía *versus* independencia se fue envenenando; otro ejemplo lo tenemos en África del Sur, la rebelión de mineros blancos, diciembre 1921, toma una deriva antigobierno imperial de graves consecuencias.

En la India, el gobierno británico se vio forzado a decretar la Ley Rowlatt, 1919. Esta nueva ley confería al virrey poderes extraordinarios para reprimir cualquier acto que pudiese ser considerado como conspiración sediciosa. Modelo de ley que se extendería al resto de los dominios.

En 1920, bajo el liderazgo de Gandhi, el proceso independentista se afianza en la India, presentando situaciones adversas de amplia magnitud para el gobierno imperial. En 1922 Gandhi fue juzgado por sedición y puesto en prisión.

The B.E.E., en lenguaje coloquial hace referencia a The British Empire Exhibition, es la denominación satírica que determinados sectores de la prensa británica dieron a esta pomposa y extraña comisión. «*The bee*», la abeja, iría picando y libando entre las mejores flores del imperio. Tal vez el gran público no sabía las excepcionales condiciones económicas en que se movía esta comisión. La delegación presuponía una visita de estudios y adquisición de mejores conocimientos de los territorios coloniales.

El mayor Ernest Albert Belcher era uno de los comisarios de la futura exposición. Belcher era también un hombre muy rudo y vulgar[15], inmanejable, relacionado con las escuelas militares británicas. Belcher había sido profesor y valedor de Archibald Christie a quien une al proyecto imperial. La sección donde se inscriben Belcher, Christie y señora, y un selecto grupo, tiene por urgente misión visitar los territorios de la comunidad colonial que oficializará como institución internacional el nombre de Commonwealth. La visita tiene por objetivos, algo indefinidos, captar y trasladar a la capital del imperio los elementos más relevantes y significativos de estos territorios para crear la exposición.

Durante diez meses, de febrero a noviembre de 1922, entre navegación y traslados por tierra, se desarrolla esta excitante vuelta al mundo. Infinidad de acontecimientos, muchos de ellos imprevisibles, se alternan con un sinnúmero de escalas. Un detallado programa y minuciosos estudios llevan a complejas visitas de investigación y cortesía. La aventura y la intensa vida social se dan la mano para gran regocijo de la sagaz observadora Agatha Christie.

—Espera un momento, querido —respondió Miss Marple—. Me temo que he contado mal. Dos puntos del revés, tres del de-

15 *La hierba mortal* en *Miss Marple y Trece problemas.*

recho, saltar uno, dos del revés... Sí, está bien. ¿Qué me decías, querido?[16]

Sigamos con B.E.E. El grupo estaba formado por cuatro caballeros, dos señoras y una jovencita. La señora Hiam y su hija Sylvia, junto con Agatha, formaban el grupo femenino, iban de acompañantes. En el grupo masculino Archie, como consejero financiero, contable en lenguaje llano; el señor Hiam, como consejero de agricultura y el señor F. W. Bates, en función de secretario y *factotum*. Todos bajo la tutela del mayor E. A. Belcher.

> —¿Cuál eran los lazos de unión entre estos caballeros para tan delicada y valiosísima misión?
>
> —La *solanum tuberosum*.
>
> —¿La *solanum tuberosum*?
>
> —Sí, la patata, la papa.

—En realidad no creo que sea necesario que me extienda tanto —replicó sir Henry—. Puedo resumir el principio. Es sobre una sociedad secreta británica: *La abeja de la Solanum Tuberosum*; algo parecido a los servicios secretos...

La cosa empezó repentinamente después de la guerra y se extendió con sorprendente rapidez, y fueron numerosas las víctimas de la organización. Las autoridades no pudieron con ella, porque sus secretos eran guardados celosamente y era casi imposible encontrar a nadie que quisiera traicionarlos.

En Inglaterra no se oyó hablar mucho de ella...

*

Excúsenme por haber parodiado a sir Henry Clithering, caballero que hasta muy recientemente ha sido comisionado de Scotland Yard. Sir Henry se expresaba así en *Los cuatro sospechosos*, uno de los capítulos o problemas que resuelve sin dificultad Miss Mar-

---

16 *Lingotes de Oro* en *Miss Marple y Trece problemas.*

ple. Indudablemente, los lectores se han apercibido de que se han hechos pequeñas transformaciones en el texto para que cuadre mejor, como haría nuestra maestra Agatha Christie cuando no le encaja muy bien el desarrollo de la trama.

*

Curiosamente Belcher, Hyam y Bates estuvieron, durante la I Guerra Mundial, muy relacionados con el cultivo y distribución de la patata, *solanum tuberosum*, y fueron posteriormente distinguidos por el gobierno británico por forman parte de esta laboriosa comisión.

Conozcamos unas sencillas fichas sobre estos caballeros:

—Major Belcher, que ya había estado viviendo en Australia, en New Zelanda y en Natal, en este último territorio durante la guerra bóer. El mayor fue quien organizó la sección aprovisionamiento del Ejército y de la Armada durante la Gran Guerra, concretamente era el responsable de The British Potatoscheme.

—Mr. Frederick Hiam, poseedor de extensas propiedades en East Anglia, fue uno de los fundadores de The National Institute of Botany. Asesor ministerial y miembro de la comisión de reparaciones de guerra exigidas a Austria. En esta naciente república, 1919, ejerció en la comisión del cultivo de la patata para luchar contra el hambre. Fue distinguido con el tratamiento de *sir*.

—Mr. F. W. Bates fue miembro de la comisión del personal de comedores de la armada y del ejército durante la Gran Guerra. Asesor ministerial durante la Gran Guerra y secretario de la comisión de la Patata.

—¡Oh! —exclamó el coronel Bantry visiblemente sorprendido[17].

En Australia y otros puntos visitados se habló, según el *The Register* de Adelaida, de reforzar la *Inter-Empire Communion* con un progra-

17 *Los cuatro sospechosos*, en *Miss Marple y Trece problemas*.

ma titulado *Why Not a Boys' Visit?* La idea o programa consistía en llevar jóvenes de los dominios británicos a Inglaterra para conocer la madre patria y reforzar los lazos entre las comunidades.[18]

Tal vez parezca una cosa sin importancia y sin relación aparente con este asunto. ¿Verdad?[19]

Y Agatha dejó escrito, en su diario de viaje, lo siguiente sobre el mayor Belcher:

> Era un hombre de mucho carácter, con una capacidad asombrosa para fanfarronear. Gracias a eso, según nos contaba, había conseguido que le nombraran «interventor de patatas» durante la Guerra.
>
> Nunca averiguamos qué parte de verdad y qué parte de mentira tenían las historias de Belcher, pero desde luego ésta de las patatas era bastante buena[20].

Pl. 225. Morelle tubéreuse (Pomme de terre).
Solanum tuberosum L.

18 *The Register*, Adelaida South Australia, 20/4/1922 pág. 7, EMPIRE EXHIBITION.

19 *La huella del pulgar de San Pedro* en *Miss Marple y Trece problemas.*

20 CHRISTIE, A.: *Autobiographia.* Ed. William Collins and Co. London (1977); edición española: Molino, Barcelona 1999. Para agilizar el trabajo de localización de texto se ha usado la versión editada en web: www.lectulandia.com. Este texto pág. 249.

KILDONAN CASTLE

La organización de la British Empire Exhibition, en lenguaje coloquial: B.E.E.; presuponía un magnífico viaje alrededor del mundo bajo la tutela del mayor E. A. Belcher. La comisión que se organizó para el viaje de reconocimiento incluía al señor y a la señora F. Hiam: él como consejero de agricultura y especialista en el cultivo de la patata; y la hija de ambos; además el matrimonio Christie: Archibald como consejero financiero y, finalmente, el señor F. W. Bates, en función de secretario y factótum.

La primera disposición fue trazar el derrotero a seguir y optar por barco y compañía. El plan era partir desde Gran Bretaña con primera parada oficial en Sudáfrica.

The Union Castle Mail Steamship Company Limited era una prestigiosa compañía naviera que en la fecha de la expedición remontaba las graves contrariedades de la Gran Guerra. El gobierno británico que le había decomisado temporalmente varios barcos se los devolvía con una sonora indemnización en libras-oro y la exigencia de puesta al día del servicio de correo. La política de la compañía, que ya gozaba del derecho de transporte de correspondencia, fue renovar el estado de algunos de sus famosos «castle» e incrementar la flota con nuevos encargos de variada categoría.

Entre los barcos renovados estaba el Kildonan Castle, que había sido construido en 1899, con un tonelaje de 9.691. Se puede decir que el barco, después de ejercer de hospital y carguero armado, estaba casi nuevo en el viaje de 1922 que realizaba The B.E.E.

El gobierno de S. M. había devuelto el Kildonan Castle el 31 de diciembre de 1921 a la compañía propietaria. The Union Castle lo sometió, inmediatamente, a un intenso proceso de renovación, tanto en la parte técnica como en la decoración y comodidades de zona de pasajeros, pues este tipo de barcos eran de carga y pasaje[21]. Así pues la comisión B.E.E. pudo cumplir el principio de tomar un barco de cierto lujo que pudiera alojar con comodidad a la delegación de observadores. Durante la travesía, la escritora Christie hará los adecuados comentarios sobre los miembros de la misión, así como sobre el resto de viajeros y la correspondiente tripulación. Todo ello sazonado con una abundante toma de fotografías de las cuales unas pocas han llegado al gran público.

Por los periódicos locales canarios sabemos que el Kildonan Castle estaba haciendo el servicio de Gran Bretaña, alternativamente Southampton / Liverpool, a Ciudad del Cabo desde 1901 con regularidad casi semanal. En una primera etapa, en el viaje de ida, el Kildonan Castle fondeaba en Santa Cruz de Tenerife, no especificándose si a la vuelta tocaba o fondeaba en Las Palmas de Gran Canaria. Posiblemente continuara por la costa africana y volviera por el Mediterráneo. Otros *castle* hacían la ruta contraria, volvían y fondeaban bien en Tenerife bien en Gran Canaria. También parece que, en algún momento, se simultaneaban barcos de la misma compañía en rutas opuestas, cruzándose ente sí las rutas y realizando sendos fondeos.

La Union Castle Mail Steamship Company Limited tenía, en Canarias, su sede principal en Gran Canaria, en la consignataria Elder Dempster (Grand Canary) Ltd. y una subdelegación en Santa Cruz de Tenerife asignada a la muy acreditada Hamilton and Cía.

Si aceptamos la observación, plasmada en una publicación, de Henry Damant (1977)[22]:

21 El Kildonan Castle será desguazado en Stavanger, Noruega, en mayo de 1930.

22 *Todos los jueves a las cuatro.* Feltham: Amigos de la Asociación de los Springboks. En inglés barco es femenino.

> Todos los jueves a las 4 p.m. una Union-Castle Royal Mail Nave dejaría Southampton con destino a Ciudad del Cabo. Al mismo tiempo, una Union-Castle Royal Mail Nave dejaría la Ciudad del Cabo con destino a Southampton.

La B.E.E. tendría que haber partido de Southampton el 19 de enero de 1922, aunque debido a la correspondencia de Agatha se ha creado el error de posponerlo un día. La autora escribe ya a bordo del barco el día 20 de enero, con primera parada en Funchal de Madeira. Diecisiete días más tarde, de esta parada en Madeira, tomará fondo en Ciudad del Cabo.

Los primeros días del viaje fueron horribles para la escritora, quien estuvo en un estado más que lastimoso, pero su Archie la cuidó hasta hacerle recuperar su salud. Algo más repuesta, Agatha dedica parte de su tiempo a un pequeño diario de abordo en forma de cartas a su madre, que realmente fueron cartas enviadas por el conducto reglamentario de correo —pero no hubo intención de redactarlas como un diario de viaje—, y recientemente han sido publicadas; nos permitirá conocer las incidencias del viaje sin mucha profundidad, pero con su feliz amenidad. En 2012, Mathew Prichard, nieto de nuestra escritora, editó *The Grand Tour: Letters and photographs from the British Empire expedition*, un librito que recopila las cartas de Agatha Christie enviadas a la familia durante The Grand Tour y numerosos datos de la expedición.

Numerosos datos de esta travesía y visita a Sudáfrica quedaron reflejados en la novela *The man in the brown suit*, que la escritora redactó entre 1923 y 1924, y que podemos comprobar en su autobiografía.

La primera carta fue redactada a la salida del puerto británico. En la segunda, que no tiene fecha aunque deducimos que es de días posteriores al paso por Madeira, Agatha describe el mal trago que ha supuesto la etapa hasta la isla portuguesa. Ya repuesta la novelista, puede escribir sin dificultad. En esta segunda crónica nos deja un párrafo que afecta a la polémica sobre su estancia en Canarias antes de 1927.

En esta carta sin fecha anota:

Very hot now and lots of porpoises leaping, and I've just seen a flying fish — We passed the Grand Peak of Tenerife on Wednesday, and saw the Cape Verde lights last night. No more land now until Cape Town.

Kildonan Castle

NANCY NEELE

La impresión que comunicaba la señora Christie era inmejorable. Dama distinguida de amena conversación y con ideas propias. Combinaba, la señora Christie, humor, realidad y fantasía con el suficiente talento como para que se le encargara un proyecto para la sección infantil de la Exposición. Agatha Christie junto con Nancy Neele crearon *Treasure Island* en la sección *Children's Paradise*. Un proyecto exitoso que traspasó fronteras.

Agatha Christie tocaba el cielo con los dedos.

El día de san Jorge, el 23 de abril de 1924, el rey-emperador Jorge V abrirá los actos inaugurales de la British Empire Exhibition.

Parodiando a Raymond West en *Oro en barras*, escribimos que el año 1926 amaneció gris y triste, con el cielo encapotado y la amenaza del trueno estremeciendo el aire. Así nos introducimos en un año crítico para nuestra novelista. En abril, su madre, Clara Boehmer West, de soltera, fallecía a los setenta y dos años. Archie estaba ausente, trataba asuntos comerciales en España.

Dijo la señora Miller, apartando su labor para mirar a su hija:

—Creo que debieras tener más cuidado al escoger a tus amistades. Eres tan crédula, querida, y te dejas engañar tan fácilmente. Supongo que es debido a que eres escritora y tienes imaginación. ¡Toda esa historia del galeón español! Si fueras mayor y tuvieras mi experiencia de la vida te habrías puesto en guardia en seguida[23].

En agosto, Archie presentó una insólita noticia: quería el divorcio.

¡Cualquier cosa menos perder a Archie! Pero el nuevo hombre de negocios se mantuvo severamente firme, inamovible. Agatha prometió todo lo inimaginable o inaceptable. Fue un borrascoso 3 de diciembre de 1926, Archie no se movió una pulgada de su posición inicial. Agatha…

El mundo se le venía a los pies.

—Cuando pasaron ante mí, pude echar un vistazo a la mujer llamada Nancy Neele, lo suficiente para ver una barbilla muy empolvada y una boca muy roja, y me pregunté, sólo me pregunté, si Agatha se alegraría mucho de conocerla. A la señora Christie no la había visto de cerca, pero, así de lejos, me pareció muy formal, estirada y poco maquillada. Muy posiblemente esta es la opinión de Joyce Lempriére[24], inevitable joven artista, pintora por más señas, de las novelas de nuestra protagonista; y de muchas damas del entorno de Agatha Christie sobre la atrevida Nancy Neele.

De la señorita Neele se podía estar hablando cierto tiempo. Hija de un alto funcionario de ferrocarriles y de una mujer relacionada con la música clásica, tal es así que Nancy y sus hermanas formaron un célebre quinteto. En el año 1924, Nancy Neele era secretaria del áspero comandante E. Belcher y, consecuentemente, en esa fecha, trabaja con Agatha Christie en la organización del divertimento infantil *Treasure Island.*

—¡Toda esa historia del galeón español! —dijo la señora Miller.

---

23 Se ha parodiado a Miss Marple en *Oro en Barras. Miss Marple y trece problemas.* Entiéndase aquí galeón por quimera o excusa insustancial.

24 *Manchas de sangre sobre el pavimento* en *Miss Marple y trece problemas.*

En 1925 Nancy Neele se casó con un tal James, pero en 1926 se comprometió con Archibald Christie. Nancy era atractiva y, algo imperdonable, diez años más joven que Agatha[25].

Desaparición.

Esta fue la reacción de la lacerada Agatha Christie. La señora Christie no podía, si es que en ese momento se puede, admitir la destrucción de su dios y de la religión que ella misma se había implantado.

La desaparición de Agatha Christie creó un clima muy propio de su ficción. En pocas horas ya se había reclutado a un gran número de ayudantes, y juntos la buscaron en todas las direcciones, por los acantilados y en las rocas de abajo, pero no había rastro de la señora Christie. Al fin, desesperados, fueron a buscar al inspector Badgworth. Su rostro adquirió una expresión grave[26]. Ciertamente intervino hasta el idolatrado Conan Doyle. Se puso bajo sospecha al marido. Se removió cielo y tierra con sustanciosas recompensas a quién o a quiénes pudieran dar información concluyente. La realidad se impuso: la señora Christie no se sintió con fuerzas para afrontar la situación y huyó hacia delante.

La ruidosa y conocidísima desaparición, momentánea: once días; de Agatha Christie ha generado infinitos comentarios de todos los calibres y desde múltiples puntos de vista. Tal vez no sea necesario añadir, de momento, alguno más.

—Como suele suceder —replicó sonriendo sir Henry—, yo sé algo de ese caso. De modo que no puedo hablar[27].

---

25 El matrimonio se realizó en 1928; tuvieron un hijo, Archibald (nacido en 1930). Nancy falleció en 1958.

26 *Oro en barras* en *Miss Marple y los trece problemas.*

27 *Oro en Barras* en *Miss Marple y trece problemas.*

La isla del tesoro
Exposición del Imperio Británico

CARLO

Charles Templeton era el secretario del doctor Rosen. Rosen realmente necesitaba un secretario y yo le proporcioné a Templeton. Charles es un caballero, habla alemán a la perfección y es, en conjunto, un tipo muy capacitado. Es uno de mis hombres, un muchacho en el que siempre he confiado[28].

—¡Oh! ¡Qué tonto he sido! ¿Puedo probar otra vez? Claro que debió ser esto[29], el ordenador. Debí haber escrito Charlotte en vez de Charles y consecuentemente sustituir los términos del masculino por el femenino. Donde pone secretario escribir *nanny*; Rosen por Rosalind; secretario por secretaria y, lógicamente, donde copié caballero escribir dama, etc. etc. etc.

Estaba escribiendo sobre Charlotte Williamina Tait Fisher (1895–1976) eficaz *nanny*, secretaria, correctora, amiga y confidente de Agatha Christie.

Después del periplo universal, los señores Christie se independizaron totalmente de la señora Miller, así que hubo que organizar casa y trabajo. Era evidente que la vida de Agatha se estaba complicando mucho: niña, literatura, colaboración muy activa con la Exposición del Imperio y las exigencias de la vida social[30].

La señora Christie, como era costumbre en estos casos, pone un anuncio buscando una persona que pudiera ejercer las funciones de *nanny*, para Rosalind, y de secretaria, para los asuntos socia-

28 *Los cuatro sospechosos* en *Miss Marple y trece problemas.*

29 *La señorita de compañía* en *Miss Marple y trece problemas.*

30 *La señorita de compañía* en *Miss Marple y trece problemas.*

les. En el anuncio se precisaba que se valoraría favorablemente si la persona era de Escocia.

Creía Agatha que los escoceses son personas más disciplinadas que el resto de los británicos, como mínimo en los asuntos de economía doméstica.

Una de las primeras candidatas o, tal vez, la primera entrevistada, fue Miss Fisher.

Era la señorita Templeton, ¡digo Fisher! Hija de un respetable hombre del templo, de un ministro de la Iglesia de Escocia, uno de los capellanes del rey en Edimburgo y deán de la muy importante parroquia de Saint Columban.

Charlotte venía con una inmejorable carta de recomendación en la que decía que era honrada y sensata, que ya había desempeñado fructuosamente el puesto de *nanny* en una exigente familia de Park Lane, Londres. Además, la candidata venía avalada con diplomas de conocimientos de mecanografía y taquigrafía, algo muy relevante para aquel momento o época. Charlotte sería *nanny*, cuando lo exigiera la atención de Rosalind, y secretaria-mecanógrafa durante el resto de la jornada laboral.

La señorita Fisher causó una grata sensación en Agatha y, lo más importante, en Rosalind que llevaba una mala época con institutrices inadecuadas, según Agatha; y en Peter, un terrier de pelo duro que pronto amigó con la inmejorable Carlo.

Como acabamos de comentar, Charlotte se ganó rápidamente la amistad de Rosalind que le puso el apodo de *Carlo*. Desconocemos si este nombre tenía que ver con la relación laboral de Archibald Christie y España que se sucedía en esas fechas.

Carlo se convirtió rápidamente en la confidente de *Missus*, nombre que usaba de respetuoso tratamiento con Agatha. Carlo y Agatha mantuvieron una amistad muy estrecha, curiosamente ambas murieron en el mismo año. Esta amistad la extendió Agatha hacia Mary Fisher, la hermana de Carlo.

La señorita Fisher significó unos cambios básicos en la vida de Agatha Christie, tanto en la personal como en la producción literaria. Su influencia en la creación y en el procedimiento de trabajo es reconocida por todos los exégetas de la obra de nuestra novelista. La misma autora de *Miss Marple* describe las diversas pautas y modos de trabajar entre ellas. Por su parte, Carlo ha comentado sus propios temores y estados de ansiedad cuando su jefa y amiga abordaba una nueva obra literaria.

La primera colaboración importante entre escritora y secretaria fue *El asesinato de Roger Ackroyd,* publicado en 1926 por Collins editores. Ya después vendría un número elevado de obras, tanto para papel como para teatro, artículos, etc. Agatha Christie produjo 150 relatos cortos, 19 obras dramáticas y 66 novelas policíacas, algunas firmadas como Mary Westmacott.

Dos de estas obras fueron dedicadas a Carlo, la famosísima *Los Diez Negritos* (1939)[31] y, sobre todo, *El misterio del tren azul* (1928). Esta última representa el primer gran paso de una gran amistad, pues es la manifestación del gran esfuerzo común que estas dos mujeres hicieron para sobreponerse a la crisis matrimonial de Agatha.

> Igual que sólo hay que mirar a esas dos mujeres de ahí, para saber que nada extraordinario puede sucederles a ninguna de ellas. Han nacido para llevar una existencia segura y tranquila.
>
> Seguí su mirada. Las dos mujeres a las que se refería eran dos viajeras que acababan de llegar. Un buque holandés había entrado en el puerto aquella noche y sus pasajeros llegaban al hotel.
>
> Al mirarlas comprendí en el acto lo que quiso decir mi amigo. Eran dos señoras inglesas, el tipo clásico de viajera inglesa que se encuentra en el extranjero. Las dos debían

31 En la dedicatoria se incluyó a Mary Fisher, hermana de Carlo, con quien terminaría viviendo Carlo cuando su problema de artritis la imposibilitó para la mecanografía. No obstante, Carlo siguió desempeñando el papel oficial de correctora literaria de Agatha Christie hasta el final de su vida.

rayar los cuarenta años. Una era rubia y un poco... sólo un poco llenita. La otra era morena y un poco... también sólo un poco delgada. Estaban lo que se ha dado en llamar bien conservadas: vestían trajes de buen corte poco ostentosos y no llevaban ninguna clase de maquillaje. Tenían la tranquila prestancia de la mujer inglesa, bien educada y de buena familia. Ninguna de las dos tenía nada de particular. Eran iguales a miles de sus compatriotas: verían lo que quisieran ver, asistidas por sus guías Baedeker, y estarían ciegas a todo lo demás. Acudirían a la biblioteca inglesa y a la iglesia anglicana en cualquier lugar donde se encontrasen, y era probable que una de las dos pintara de vez en cuando. Como mi amigo había dicho, nada excitante o extraordinario habría de ocurrirle nunca a ninguna de las dos por mucho que viajaran alrededor de medio mundo. Aparté mis ojos de ellas para mirar de nuevo a nuestra sensual española de provocativa mirada y sonreí[32].

32 *La señorita de compañía* en *Miss Marple y trece problemas.*

CANARY ISLANDS

—No sé si alguno de ustedes conoce las Islas Canarias —empezó a decir el doctor[33].

Sí, desde luego, las conocían todos los lectores de Julio Verne, del cual no era lectora la agradable Jane Helier, que era considerada la mujer más hermosa de Inglaterra[34].

En 1907 se inicia la publicación, en la prensa francesa, de la obra póstuma del inolvidable escritor de Nantes. La novela de aventuras llevaría por título: *L'agence Thompson and Co.*

El gran éxito impuso de inmediato su edición en formato libro y traducciones al inglés y al alemán. *La agencia Thompson y Cía.* resultó ser un magnífico medio para promover el turismo por las islas macaronésicas: Azores, Madeira y Canarias, imaginadas con la alegría fantasiosa del gran Verne.

—A partir de su obra, quién no conocía las Islas Canarias —de nuevo Jane Helier frunció el entrecejo[35], como diría el doctor Lloyd en la agradable conversación del Club de los martes.

Pues al igual que a la protagonista de *La agencia Thompson y Cía.* Agatha se encontraba como Alice Lindsay, joven viuda: Agatha separada, que busca olvidar a su marido.

Realmente Mrs. Christie decía que, «de haber estado en posesión de todas sus facultades, hubiera vuelto a la literatura para tratar de averiguar lo ocurrido, pero se sentía tan torpe y aturdida que siguió

33 *La señorita de compañía* en *Miss Marple y Trece problemas.*

34 *La señorita de compañía* en *Miss Marple y Trece problemas.*

35 *La señorita de compañía* en *Miss Marple y Trece problemas.* Textos adaptados a este trabajo.

caminando sin saber apenas lo que hacía»[36]. Es evidente que esto se refiere a su compleja relación matrimonial, donde se intuye ciertas permisividades y postergaciones íntimas. Los Christie habían estado viviendo, como siempre, un poco, solo un poquitito, por encima de sus posibilidades, como nos lo ratifica la magnífica casa comprada en Berkshire a la que bautizaron con el nombre de *Styles.*

La economía de Mrs. Christie dependía de su creatividad literaria, de su capacidad de elaborar relatos y novelas lo suficientemente atractivos para justificar los adelantos que las editoriales y los periódicos le habían realizado.

Agatha miró a sus allegados allí reunidos.

—Ahí tienen mi pequeño problema. Espero haberlo expuesto con claridad y me gustaría oír sus opiniones[37] —así habló la paralizada novelista.

Los amigos y familiares de Agatha Christie, recién abandonada por el *boulder*[38] de Archibald, como lo calificó la señora Miller en su momento, y no se equivocaba; le aconsejaron que marchara a Canarias.

El objetivo principal era salir de aquella nadería, de aquella nonada en que había quedado su mente, su estado emocional, y por qué no decirlo: su economía. No había forma de escribir dos líneas seguidas, ni reunir dos libras seguidas. Tal vez el mandamiento íntimo de ser escritora lo alteró por su admiración excesiva, enamoramiento se dice, por Archie.

El pragmatismo zodiacal de Mrs. Christie prevaleció y a principios de enero de 1927 sacó pasajes para el famosísimo *resort* canario.

The Christie's troup estaría conformado por Rosalind y la imprescindible Carlo. El fiel Peter tuvo que permanecer en Gran Bretaña por las estrictas leyes de cuarentena animal antirrabia.

---

36 *El caso del bungalow* en *Miss Marple y Trece problemas.*

37 *Motivo contra oportunidad* en *Miss Marple y Trece problemas.*

38 «Canto rodado», tradúzcase irónicamente por saltimbanqui / informal / mujeriego / faldero. Los suaves comentarios de Agatha Christie en sus memorias nos hablan de un hombre muy egoísta.

Juguetes de la niña, maletas de cuero bien cerradas, sobrevivientes del British Empire Exhibition Tour; y, por supuesto, la máquina de escribir en su estuche de madera. Había que transportar este imprescindible y pesado mecanismo de novísima invención que muy posiblemente no tendrían en esas colonias. Se comentó con el desprecio que un vanguardista sentiría por alguien a quien considerara anticuado[39].

El viernes 4 de febrero de 1927 se pudo avistar la isla de Tenerife y su capital[40].

> Está edificada en anfiteatro, con un cinturón de montañas, Santa Cruz es de seductor arribo y puede, a este respecto, sostener competencia con Las Palmas.

Así lo escribe Julio Verne en su libro citado[41].

> El tiempo, según la prensa local, era muy propio de febrero: 18° de máxima y la mar rizada[42].

> El Águila[43], vapor Inglés, consignado a la casa Yeoward Line, procedente de Liverpool, Lisboa y Madeira, con turistas

---

39 *Muerte en el lugar* en *Miss Marple y Trece problemas.*

40 Esta fecha del día 4 de febrero la establece el profesor N. GONZÁLEZ LEMUS en su libro *Agatha Christie en Canarias...* (2015), pág. 63, pero no indica ni la fuente ni otras referencias ni imágenes documentales. El profesor J. L. GARCÍA PÉREZ, en su artículo «La estancia de Agatha Christie en Canarias», *Anuario de Estudios Canarios* (1988), hace referencia, como fuente de información, al periódico tinerfeño *La Prensa.* Consultados todos los ejemplares de los meses de febrero y marzo 1927, de este periódico tinerfeño, tampoco aparece referencia alguna de las desconocidas, para el público canario, señoras Christie y Fisher.
Como la fecha del día exacto no tiene trascendencia ni privada ni pública, la he aceptado hasta nueva confirmación o aclaración de estos u otros investigadores. Tómese la fecha del día 4 de febrero como referente para la situación socio-económica de Canarias, sin la exactitud deseada por quien escribe.

41 VERNE, J.: Op. Cit. Cap. XX «En la cima del Teide», pág. 236. Ediciones idea, Santa Cruz de Tenerife, 2002.

42 *Gaceta de Tenerife*, 03/02/1927, pág. 1

43 No extrañe el nombre en español pues la Yeoward tenía otros buques con los siguientes nombres: Andorinha, Ardeola, Alondra, Avoceta.

> y carga para este puerto, saliendo, por la noche, desde Gran Canaria para Tenerife[44].
>
> El día 5 de febrero emprendería viaje hacia Liverpool desde Tenerife.[45]

La ciudad de Santa Cruz de Tenerife se encontraba bajo un techo de nubes.

> Verdaderamente tenían mala suerte los turistas del Águila [*Seamew* en la obra de Verne]. Aquel Pico, hacia el cual, durante la travesía de Gran Canaria a Tenerife habían dirigido sus miradas, estaba obstinadamente oculto tras un espeso manto de nubes impenetrable hasta a los mejores anteojos[46].

Estos son los términos que dejó escritos Julio Verne de otros turistas que habían arribado a la isla más de treinta años antes. Ni estos turistas ni aquellos pudieron apreciar al gigantesco Pico del Teide, que estaba cubierto suavemente de nieve.

*

Esta breve referencia es mi muy modesto homenaje al gran Verne, cuyas obras fueron leídas todas en francés por

44 *La Provincia*, 03/02/1927, pág. 5, Notas de El Puerto. Igualmente se notifica que la casa Elder esperaba el vapor inglés Gloucester Castle procedente de Londres, pero con numeroso pasaje para El Cabo; La Grand Canary Coaling tenía programada aquel viernes la llegada del Highland Rover procedente de Gran Bretaña y que partiría para Río de Janeiro, indicando que no pasa por Tenerife.

45 *El Progreso*, 08/02/1927, pág. 4, el *timetable* de la compañía Yeoward Line para febrero. Como he señalado en nota anterior estas fechas hay que tomarlas con mucho cuidado, el viaje desde Inglaterra a Canarias, con o sin escala en Madeira, tenía que durar 7 días, el capitán tenía que administrar estos 7 días, salvo problemas atmosféricos y/o marítimos mayores. Vid. ALONSO QUESADA: *Smoking-Room*, en varios de sus cuentos se hace referencia a la duración del viaje.

46 VERNE, J.: Op. Cit. Cap. XX *En la cima del Teide*, pág. 236. Ediciones idea, Santa Cruz de Tenerife, 2002.

la joven Agatha Christie, según expresó la novelista en su autobiografía.

The Christie's troup fue trasladado hacia el espléndido Grand Hotel Taoro del Puerto de la Cruz, donde aún quedaban los ecos del concurrido almuerzo que se le había brindado, el día anterior, al ministro de la corona, señor Galo Ponte.

El Grand Taoro acogía, en sus ciento veinte habitaciones, a una numerosa colonia extranjera. Dominaba la comunidad británica, en todo su esplendor y heterogeneidad, desde auténticos y flemáticos aristócratas hasta sibilinos oportunistas[47].

Espero que sepa contarlo como es debido[48].

El Gran Hotel Taoro no era un *hydro.* Aclaremos que un «hydro», en 1927, no es lo que preguntaba Jane Helier.

—¿Se refiere a uno de esos aviones que van por el mar? —preguntó Jane con los ojos muy abiertos.

---

47 La escritora no da el nombre del hotel, pero se puede deducir fácilmente por la referencia a los esplendidos jardines, «en el jardín del hotel de Orotava»; tampoco escribe el nombre de Puerto de la Cruz, sino Orotava. Citará el nombre de Puerto de la Cruz en otro momento y de forma equivocada, como se podrá leer más adelante.

48 *Tragedia navideña* en *Miss Marple y Trece problemas.*

No, un *hydro* era, en fechas anteriores, lo que hoy diríamos un hotel spa. Estas funciones de ocio y terapéutica estaban muy difundidas por Europa, pero en 1927 se les prefería llamar «spa», como la ciudad homónima belga. En el Puerto de la Cruz había existido un *hydro*, el Termal Palace, que ahora, en 1927, estaba cerrado.

Debido a las características de los clientes de El Gran Hotel Taoro podríamos considerar a este como un *hydro*. Los comentarios que el matrimonio Bantry y la señorita Marple hacen sobre la clientela de los *hydros*, en *Tragedia navideña*, encajan muy bien sobre la del famoso hotel porteño.

> —¡Unos lugares horribles, horribles! Hay que levantarse temprano para beber un vaso de agua que sabe a demonios. Hay montones de ancianas sentadas por todas partes e intercambiando todo el día malvadas habladurías. Cielos, cuándo pienso...
>
> —Me temo que eso es cierto —dijo Miss Marple—. Yo misma... —con las mejillas sonrosadas y un ademán de la mano, Miss Marple le hizo callar… —Esas mujeres a quienes mi sobrino califica de «ociosas» —continuó Miss Marple—, disponen de mucho tiempo y su principal interés por lo general es ocuparse de la gente. Y por eso llegan a convertirse en *expertas*[49].

Ciertamente, ni Agatha ni Carlo eran ancianas desocupadas, pero sí todo oídos y corteses damas británicas dispuestas a recabar información para sus novelas.

Una vez establecido el Troup, se inicia la tarea principal de seguir en la redacción de la novela que no arrancaba en Londres. Aquí parece que tampoco se daban las condiciones, el problema se llamaba Roselind.

La niña Roselind sabía que algo importante había sucedido entre sus padres y necesitaba información, y para adquirirla llamaba

49 *Miss Marple y Trece problemas*. El texto está recortado y adaptado.

la atención con sus inoportunos medios. Ciertamente Roselind molestaba, no iba con otros niños, ni sabía ni quería estar sola, posiblemente, en su mente infantil, pensaba que también la podían abandonar de un momento a otro.

La situación de bloqueo la va a resolver la eficaz Carlo. La secretaria impone una agenda de trabajo y un protocolo de actuación: se fijan horas de redacción, horas de mecanografía, de paseo, etc. De esta manera Agatha disponía de tiempo para su actividad principal y para las visitas protocolarias, para pasear con la niña y para sus baños de mar.

Las visitas protocolarias eran imprescindibles en épocas cuyos medios de comunicación eran muy restringidos. Nadie de cierta categoría social iría de vacaciones a un sitio dónde no pudiese tener algún conocido de algún conocido. Unas veces se enviaba información sobre los amigos que iban a iniciar el viaje con el fin de que fueran acogidos; otras veces se daban cartas de presentación que permitían la comunicación entre los comprometidos.

Los profesores José Luis García Pérez y Nicolás González Lemus han dedicado sendos y minuciosos trabajos a la estancia de The Christie's Troup en el Puerto de la Cruz y a ellos remito a los interesados[50]. No obstante ambos profesores no expresan que Agatha Christie hace una referencia muy clara al Puerto de la Cruz en los últimos capítulos de su novela *The burden* [La Carga], editada bajo el seudónimo de Mary Westmacott.

La estancia, a tenor de lo que Agatha Christie dejó escrito en su *Autobiografía*[51], no tuvo el éxito deseado. La novelista elogió generosamente a Tenerife, pero también escribió en su diario el malestar que le producían dos cosas de El Puerto de la Cruz, ambas

---

50 GARCÍA PÉREZ, J. L.: *La estancia de Agatha Christie en Canarias*, anuario de estudios canarios, 1988.
GONZÁLEZ LEMUS, N.: *Agatha Christie en Canarias. 1927: un invierno que cambió su vida.* Ed. Nivaria ediciones, Tenerife, 2ª edición, 2015. Tal vez en estos trabajos hay algunas imprecisiones llevadas al papel por la duda del número de días que permaneció el grupo en el Puerto de la Cruz.

51 CHRISTIE, A.: *Autobiografía.* Referente a la estancia en Canarias, págs. 320 – 323.

normales para la fecha en que estaba, pero que ella quería evitar. Uno de estos elementos adversos era el descenso de las nubes que provenían del valle de la Orotava.

> Orotava era un lugar encantador con la gran montaña que lo dominaba todo y las maravillosas flores que crecían por todas partes, alrededor del hotel. Había, sin embargo, dos cosas que me molestaban: la bruma que descendía de la montaña al mediodía y que convertía lo que había sido una espléndida mañana en un día completamente gris; a veces incluso llovía…

El otro enemigo invencible era el estado de la playa de Martínez. Agatha, en sus memorias redactadas en 1965 con setenta años de edad, nos deja escrito que de las pocas cosas que se lamenta por la llegada de la vejez es el tener que dejar sus baños de mar[52]. Sus muy queridos baños y la correspondiente natación se veían ninguneados en el Puerto de la Cruz por el fuerte oleaje y la disposición geográfica del litoral. Esto es lo que escribió:

> Y los baños de mar, para los aficionados a nadar, resultaban terribles. Tenías que tumbarte boca arriba en una playa volcánica en pendiente, enterrar los dedos en la arena y esperar a que las olas te cubrieran. Pero tenías que ir con mucho cuidado para que no te cubrieran demasiado, pues se habían ahogado ya muchas personas. Resultaba imposible meterse en el mar y empezar a nadar; sólo lo hacían los dos o tres nadadores más fuertes de la isla, e incluso uno de ellos se había ahogado el año anterior.

Estos contratiempos citados fueron decisorios, remata la novelista.

52 CHRISTIE, A.: *Autobiografía*, pág. 488.

HESPERIDES

Alrededores del Hotel Taoro en el delicioso valle orolavense, donde el Ministro habra podido observar que, los naturales del país, aun siendo insignificante el apoyo oficial obtenido siempre por los Gobiernos, a fuerza de ímprobo trabajo, han conseguido la máxima producción...y donde el tesoro de la platanera tiene siempre por paje a un rosal

Hespérides: artes, ciencias, literatura y deportes
13/02/1927 – Pág. 14

METROPOLE HOTEL

> Por eso, al cabo de una semana nos trasladamos a Las Palmas de Gran Canaria[53].

Como le sucede a la mayoría de los artistas cuando está realizado el gran esfuerzo que supone elaborar su trabajo, Agatha padece unos momentos de vértigo, de inconformismo, desasosiego, susceptibilidad e irritabilidad extrema. Ella misma así nos lo comenta en sus memorias[54]. Estos sentimientos adversos los vierte Agatha en las condiciones climatológicas del Puerto de la Cruz, por lo que decide un cambio rápido.

Si aceptamos con rigor sus notas autobiográficas, no hay por qué dudarlas, posiblemente se elaboraron con la asistencia de Carlo y otros; a la semana de la estadía porteña, The Troup se traslada a Gran Canaria. Esto sería el viernes 11 de febrero. El objeto era permanecer las tres semanas restantes de las vacaciones contratadas en esta isla, que pudo ver una semana antes, el día 3 de febrero, desde el Águila, el barco de la empresa Yeoward Line que le conducía a Tenerife y hacía escala en Gran Canaria.

La visita de Agatha Christie y la del ministro de Gracia y Justicia, señor Galo Ponte y Escartín, vuelven a coincidir, ahora

53 CHRISTIE, A.: *Autobiografía*. Ed. Molino, Barcelona 1999. Si admitimos —ver aclaración en cap. Canary Islands de este libro— que llegaron a Tenerife el día 4 de febrero, el 11 (4+7=11) partieron para Gran Canaria. La relación que se establece con el Dr. Lucas y hermana, señalada en *Autobiografía,* indica que estuvieron en Gran Canaria más de una semana.

54 CHRISTIE, A.: *Autobiografía*, pág. 432.

viajan el mismo día hacia Gran Canaria y se alojarán en el mismo hotel.

Desde finales del siglo XIX la compañía británica Elder Dempster cubría con su flota los viajes interinsulares, por lo que es muy posible que The Agatha's Troup se desplazara a Gran Canaria en uno de ellos. Es difícil precisar en cuál se trasladó el grupo británico, pero sabemos que en el titulado La Palma no, porque este lo estaba utilizando la cohorte que acompañaba al ministro.

Ni Agatha ni Carlo pudieron decir, en este viaje, los elogios del coronel Bantry sobre la navegación entre ambas islas, pues los barcos interinsulares de pasajeros hacían la trayectoria nocturna. Según la *Guía o Anuario Postal de Las Palmas*, la llegada a puerto era a las seis de la mañana, habiendo partido a las doce de la noche del otro puerto.

Nuestras amigas llegan a un hotel Metropole en pleno ajetreo, pues junto con el alojamiento del señor ministro está el de los héroes de la aviación española, Patrulla de Hidroaviones Atlántida, que habían realizado vuelo a Guinea Española y ahora, de vuelta a la Península, hacían escala en Gran Canaria.

«La mañana y el día de hoy —comentaba con estas palabras la prensa, en un número extraordinario que salió aquella misma tarde, refiriéndose al día 11—, esplendidos y luminosos, han contribuido a la brillantez de este acontecimiento[55].

Acontecimiento que conjuntaban ministro y héroes de la Patrulla Atlántida, pues Mrs. Christie era una novelista desconocida en Canarias, y por ende en España[56]. Recordemos que la novelista todavía no está muy segura de cómo firmar las obras, si usar su apellido de casada o usar seudónimo como el de *Mrs. Mary Westmacott.*

Confirma nuestro aserto, sobre lo desconocida que era Agatha Christie en Canarias estas dos noticias publicadas en el periódico *El Progreso* de Santa Cruz de Tenerife.

---

55 *Diario de Las Palmas*, 11/02/1927, pág. 2.

56 Sus novelas se empezaron a traducir poco antes de 1936, por Concepción Peraire del Molino.

Exponemos las noticias en orden inverso al cronológico. La segunda noticia, publicada un mes antes de llegar la ignorada novelista a Tenerife, es del 06/01/1927. En esta segunda noticia se comentan varios casos de amnesia como ejemplos de esta enfermedad ocasional. La noticia primera, la del día 25 de diciembre de 1926, crónica servida por agencia y sin mayor conocimiento de quién era quién, se comenta el grave incidente de la desaparición y amnesia de la esposa del coronel Christie. El título es arrogante y las imprecisiones son responsabilidad de la agencia de prensa. Leamos:

> UNA QUE OLVIDÓ A SU MARIDO
>
> Los periódicos ingleses se han ocupado estos días de la desaparición misteriosa de la señora Ágata Christie, esposa del coronel del mismo apellido. Ampliando lo publicado, podemos decir que hace dos semanas aproximadamente el coronel se sorprendió grandemente al ver que la esposa no volvía al hogar conyugal a la hora acostumbrada. El esposo comunicó a la policía su inquietud. Después de incesantes pesquisas la señora Christie ha aparecido en un hotel lujoso de la playa de Harogate (Yorkshire).
>
> El gerente del hotel ha declarado que la esposa del coronel se inscribió en el registro de viajeros con el nombre de señora Trazenici; dijo que procedía del sur de África y que se dedicaba a la literatura. Parecía muy interesada en la lectura de periódicos; jugaba al billar, bailaba; dialogaba normalmente con los compañeros de hospedaje y en fin, hacía la vida que se requiere en un hotel lujoso.
>
> La esposa del gerente, señora muy despierta de inteligencia, recordó, viendo a la señora del coronel, las fotografías publicadas por los periódicos y después de advertir al gerente se avisó a la policía y al esposo de la dama misteriosa. Acudió el marido apresuradamente y se escondió tras una columna del "hall" del hotel, mostrándose

a su esposa cuando ésta se dirigía al comedor para cenar con los otros viajeros. La dama no pareció sorprenderse al ver al coronel y le siguió espontáneamente declarando que recordaba haberle tratado, pero que no era su marido.

Este atribuye la actitud de la esposa a un fenómeno de pérdida de memoria y tratará de llevar a su señora a la Clínica de un especialista[57].

Miss Marple continuó apoyando a la joven.

—Debió de ser un caso muy desagradable, querida —le dijo[58].

Pues al hotel Metropole fueron a tener estas tres autoridades de la política, de la tecnología y de la literatura.

Era el Metropole un hotel a pie de calle, aunque en un barrio ajardinado. Su situación estaba a mitad de camino del puerto de La Luz y de la zona fundacional de la ciudad de Las Palmas de Gran Canaria. En aquel momento no tenía competencia, pues el hotel Santa Catalina llevaba tiempo cerrado como alojamiento, aunque sí se usaban sus salones para actos de especial relevancia. Otros hoteles había en la ciudad, como el Atlántico en la misma Ciudad Jardín, pero ninguno con las exquisiteces del Metropole que después de la Gran Guerra había sido modernizado, tanto en su interior como su exterior. Entre otros lujos, disponía el hotel de personal especializado: médico y enfermeras, masajista, vigilante de playa; laboratorio fotográfico permanente para que los clientes revelaran sus propias fotografías o ejecutaran sus encargos, etc. etc. etc.

Disponía el Metropole de una buena zona ajardinada, no comparable a la del Grand Taoro, pero sí le aventajaba en algo que Agatha apreció muchísimo. Esta ventaja era que los jardines lindaban con el mar. El césped terminaba donde empezaba el Atlántico. No solo esta posición ofrecía unas hermosas vistas sobre la bahía, sino que se podía descender por unas escaleras de madera, tomar

57 *El Progreso*, 25/12/1926, pág. 1; *Los que pierden lo memoria*, 06/01/1927, pág. 2.

58 *El caso del bungalow* en *Miss Marple y Trece problemas.*

un baño y nadar plácidamente. Así lo realizaban algunos de los huéspedes que, abandonando indolentemente sus albornoces en las hamacas, se dirigían a la inmediata playa de arena[59].

Otra diferencia entre ambos hoteles era que en el Grand Taoro la vida social era un poco más pacífica, más *hydro*, mientras que en el Metropole había una excitación permanente debido a su relación continuada con el puerto comercial. Algunos caballeros iban muy interesados a pasar el rato al hotel, así nos lo cuenta el doctor Lloyd, en *La señorita de compañía*[60]. Oigámosle:

> Como les decía, barcos procedentes de todas las partes del mundo atracan en Las Palmas. Algunas veces hacían escala unas horas y otras un día o dos. En el hotel principal, el Metropole, se veían gentes de todas razas y nacionalidades, aves de paso. Incluso los que se dirigían a Tenerife se quedaban unos días antes de pasar a la otra isla.

59 Ejemplo de la playa, triste, pero ejemplo de la playa del Metrople: *Diario de Las Palmas*, 19/10/1922, pág. 2, «*Un hombre muerto.* — A las 7 y cuarto de la mañana de hoy, hallándose tomando los baños de mar en la playa frente al Hotel Metropole, el empleado del mismo, Jack Lehner, natural de Bruggen St. Gallen (Suiza), de 42 años, de estado soltero, solicitó el auxilio de los señores que le acompañaban en el baño, por hallarse indispuesto, siendo extraído inmediatamente del mar por Mr. May, que lo condujo a las dependencias de dicho hotel, donde fue asistido por el doctor Croff, falleciendo a los pocos momentos de un ataque cardiaco».

60 *Miss Marple y Trece problemas.*

Las comodidades del Metropole se veían complementadas con una sociedad anexa titulada *The British Club*, algo más reservada en su etiqueta y formalidades que el hotel; y la cercana capilla de rito anglicano titulada de *Holy Trinity*. Precisamente la ubicación de estas instituciones, y otras como el *Las Palmas Lawn Tennis Club* y *Las Palmas Golf Club*, fuera de la demarcación del Metropole, permitían un intercambio de escenario que gustaba mucho a Agatha. Siempre fue amante de una vida social intensa, como en la que se educó y con la que tanto disfrutó con Archie; aunque en sus memorias diga lo contrario. Pero hay que saber leer entre líneas, también...

¿Por qué Gran Canaria? Como el mismo doctor Lloyd narraba en su aportación al Club de los martes: «el clima es suave y soleado, excelente playa: yo soy un bañista entusiasta, y la vida del puerto me atraía sobremanera[61]».

Estas mismas aseveraciones las hará Agatha Christie en su diario, publicado como *Autobiografía en 1977*.

> Tenía dos playas perfectas; la temperatura también lo era: la media era de unos 25 grados, que para mí es la temperatura ideal del verano. La mayor parte del día soplaba una brisa estupenda y las noches eran lo suficientemente cálidas como para sentarse a cenar al aire libre

El turista en Gran Canaria tenía dos obligaciones inevitables. La primera era visitar la parte fundacional de la ciudad, zona algo distante del Metropole, unos cinco kilómetros, que exigía un traslado en vehículo. En la zona primigenia se ubicaban los comercios de Triana y las sedes institucionales en Vegueta. Ninguna de estas cosas era de especial atractivo para la novelista en aquella época.

La otra actividad ineludible era la excursión al Monte Lentiscal o zona de Tafira. La visita incluía una parada electiva en uno de los hoteles de la zona como podían ser el Santa Brígida, Los Frailes,

61 *La señorita de compañía* en *Miss Marple y Trece problemas.*

Esperanza[62] o bien para almorzar o bien para tomar la merienda, el imprescindible té.

Queremos imaginar que Agatha, Carlo y Rosalind hicieron igualmente estas visitas como descanso en los fines de semana. No olvidemos que Carlo, como hija de un pastor de la Iglesia de Escocia, no debía trabajar desde la tarde del sábado hasta pasado el día del Señor, el domingo. Tal vez la misma Agatha Christie, la convivencia desarrolla situaciones complejas, desliza alguna ironía sobre la situación con Carlo, en este caso de referencia a determinadas obligaciones de índole religiosa. Escribió la novelista de Torquay: «era una chica tan agradable —decía siempre Mrs. Hargraves—, que no tenía que preocuparse de que diera la vuelta a los colchones cada día, siempre lo hacía, excepto los viernes, por supuesto[63]». No era cosa de contrariar a Carlo por la asistencia al sermón dominical que, a su vez, permitía relacionarse con la *crème* de la colonia británica.

Pero seamos sinceros, una vez más, Agatha podría decir como la señorita Marple en *La huella del pulgar de San Pedro*[64]:

> Ahora, aunque ustedes los jóvenes lo tomen a risa, les confesaré que, cuando me encuentro en un verdadero apuro, siempre rezo para mis adentros, en cualquier parte donde me encuentre, caminando por la calle o en el interior de una tienda, y siempre obtengo una respuesta a mi plegaria. Tal vez parezca una cosa sin importancia y sin relación aparente con este asunto, pero la tiene. Cuando era niña tenía este lema escrito sobre mi cama: «Pedid y recibiréis».

Y esta conducta o manera de actuar nos la revela Agatha en su autobiografía cuando nos habla de su niñez y de la influencia de su *nanny*: la queridísima episcopaliana Nursie.

---

62 El Bellavista de los Quiney estaba cerrado por esta fecha. También existían merenderos o casas de comida con distintas categorías y «costumbres morales». ¡Ejem!

63 *El club de los martes* en *Miss Marple y Trece problemas.*

64 *Marple y Trece problemas.*

También los hoteles organizaban o daban facilidades para realizar otras actividades algo más arriesgadas por las condiciones de las carreteras y características de los automóviles. Es el caso de Mrs. Barton y su señora de compañía, Miss Durrant, también del doctor Lloyd y sus amigos. Cuenta Lloyd:

> Al día siguiente había planeado ir de excursión con unos amigos. Teníamos que atravesar la isla en automóvil, llevándonos la comida, hasta un lugar llamado... apenas lo recuerdo ¡ha pasado tanto tiempo! Las Nieves, una bahía resguardada donde podíamos bañarnos si ese era nuestro deseo. Seguimos el programa tal como habíamos pensado, si exceptuamos el hecho de que salimos más tarde de lo previsto y nos detuvimos por el camino para comer, por lo que llegamos a Las Nieves a tiempo para bañarnos antes de la hora del té.

A estas actividades organizadas hay que sumar algunas tardes en el British Club y cumplir escrupulosamente el precepto dominical que Carlo difícilmente se saltaría y llevaría, como mínimo, a Rosalind. No dudamos que también asistiera Agatha, pues su reacción ante el fracaso matrimonial nos hace pensar que era, en aquel momento de su vida, una mujer apegada a las conveniencias sociales. En su autobiografía tenemos numerosas referencias a esta manera de ser tradicional, así nos lo confiesa cuando escribe sobre la religión, la familia, el divorcio, la maternidad...

Entre este devenir de los días y el trabajo de redacción de *El misterio del tren azul*, Agatha iría, y no es solo condicional pues ella valora mucho la actividad, a las playas de la ciudad. La más próxima al hotel de su residencia, Las Alcaravaneras, era una playa que estaba aún en formación, no tenía ni por asomo el aspecto que hoy le vemos. Esta playa, en la zona oriental del istmo, se ha ido formando por la presencia de la ampliación de los diques que han reducido el batir de las aguas y la arena ha ido sepultando las rocas volcánicas y areniscas subyacentes. No era la mejor playa de la ciudad, pues a ella llegaban con frecuencia los desechos que los barcos y de una calera arrojaban. Calera que podemos ver en un pequeño y magnífico cuadro de Francisco Suárez León, conservado en la colección del Cabildo Insular de Gran Canaria.

La otra playa, hoy denominada Las Canteras, pero en aquella época el Arrecife por la gran barra de pulida roca volcánica que la protege, era/es, sin dudarlo, una de las maravillas del mundo. A Las Canteras o Arrecife solían ir tanto los nadadores como los que solo querían dar paseos. Los hoteles organizaban o tenían concordado unos coches taxis para estos traslados, pues no era propio que los turistas se arriesgaran a ir solos. Había delincuencia de distinto pelaje, en los periódicos podemos confirmarlo:

> Al oírles hablar de bañarse me entraron ganas a mí también. Era una mañana muy calurosa y no adelantaba apenas mi trabajo. Además, imaginé que la luz de la tarde daría al lugar un efecto más atrayente, de modo que recogí mis bártulos y me dirigí a una pequeña playa que había descubierto, en dirección completamente opuesta a la cueva. Tomé un delicioso baño allí y comí... volviendo por la tarde a continuar mi apunte llena de entusiasmo y confianza[65].

¿Quién duda de que el párrafo anterior no fuera escrito y vivido por Agatha en su estancia en Gran Canaria? Su autobiografía nos contesta afirmativamente. Agatha acudía al baño de mar con regularidad desde niña en Torquay para disfrutar y de mayor, además, para despejarse del agobio del trabajo. Siempre que la edad se lo permitió fue una consumada bañista y nadadora.

Después del baño, sea cual fuese la hora, se imponía una amable y seductora visita a la Caseta de Galán, de la cual ya hemos hecho mención. La presencia, al atardecer, en este balneario-*res-*

65 *Manchas sangre sobre el pavimento* en *Miss Marple y Trece problemas.*

taurant le permitiría escribir, ahora sí, con toda seguridad la frase que el coronel Bantry apostilló al relato del doctor Lloyd sobre Canarias. Dijo el coronel: «yo las visité camino de Sudáfrica. Es muy hermosa la vista del Teide, en Tenerife, iluminado por el sol poniente».

Pero allí se había ido a trabajar y tanto alboroto no era bueno para el trabajo, aunque sí para el espíritu de Agatha. Una vez más se impone el pragmatismo de la escritora y se realiza el plan de Carlo. La agenda se llevó a afecto con rigor y parece que empezó a tener el éxito correspondiente.

La novelista dictaba todas las mañanas, Carlo mecanografiaba a continuación y en un plazo de quince días, aproximadamente, pusieron el punto final a su obra menos querida, según dejó redactado en sus memorias, página 477, *El misterio del tren azul.* La escritora consciente de las poderosas ayudas que había recibido inscribe en el libro la siguiente dedicatoria.

> To the two distinguished members of the O[rder of the] F[aithful] D[ogs], Carlotta and Peter.

El hotel Metropole
1925 aprox.

EL ENIGMA DEL DOCTOR…

Doyle es el doctor Lloyd

> Madge me había iniciado con Sherlock Holmes, y yo seguí sus huellas...[66]

En efecto, Agatha Christie seguirá muy de cerca las huellas del gran personaje de Conan Doyle. En repetidas ocasiones nuestra genial novelista hará, a lo largo de su *Autobiografía*, numerosas referencias a Holmes y a sus grandes valores literarios, pero curiosamente no a su creador.

Según los exégetas y estudiosos de Agatha Christie, el doctor Lloyd, que aparece en *Miss Marple y trece problemas*, es un homenaje al médico Arthur Ignacio Conan Doyle (Edimburgo, 1859- Crowborough, 1930) que añadía, a sus estudios clínicos, dos cualidades relevantes más: gran escritor y deportista.

La común referencia a los estudios y práctica de medicina de Doyle y Lloyd son motivo suficiente para que ambos doctores se aúnen y el médico real se trasluzca en el ficticio. La descripción del ficticio no creo que se parezca físicamente al real, pero en esto de los parecidos, ya se sabe…

Pero sí hay una cosa bien curiosa que asocia aún más a estas dos figuras. Queremos pensar que Agatha Christie conoció aquí,

66 CHRISTIE, A.: *Autobiografía*, pág. 177.

en Canarias, que el doctor Doyle ejerció en su juventud, y recién salido de la facultad, como médico de barco. En 1880 Conan Doyle navegó, como cirujano, en un ballenero, The Hope. Nombre providencial que invocarían desazonados sus posibles pacientes. La travesía duró siete meses hacia el Polo Norte.

La segunda vez que Doyle se enrola, como médico de barco, es en 1881. Según datos publicados en www.arthur-conan-doyle.com, la estadía será desde octubre, 1881, a enero, 1882. El buque tendrá el sonoro nombre colonial y aventurero de SS Mayumba, cuyo radio de acción era la costa de África Occidental. Según dicha página de internet estuvo en Tenerife y en Gran Canaria. En la prensa canaria solo se ha podido localizar, para estas fechas, la estancia del Mayumba en junio de 1881. Lo podemos ver en *La Correspondencia de Canarias*, 01/07/1881, pág. 4.

> **SECCIÓN MARÍTIMA-MERCANTIL**
> LAS PALMAS DE GRAN CANARIA.
> **E n t r a d a d e b u q u e s**
> 28 junio. De Liverpool y escalas, con carga para este Comercio vap. ing. «Mayumba» de 1.154 ton. cap. Mr. Wallace, a la consignación de D. Juan B. Carló
> S a l i d a d e b u q u e s
> 28 junio. Para Fernando Poo v. escalas vap. ing. «Mayumba», de 1.154 ton. cap. Wallace con resto de su carga. Tomó víveres y pipas aguardiente

—Durante algún tiempo fui médico de un barco y, al desembarcar en Melbourne… —continuó hablando el doctor Lloyd[67].

¿Han observado ustedes que de los miles de apellidos ingleses que existen Agatha elige Lloyd? Pues jueguen con las letras del eminente doctor Doyle…

---

67 *La señorita de compañía* en *Miss Marple y Trece Problemas*.

Lloyd es el doctor Lucas

> Estaba charlando, Miss Marple, animadamente con el anciano doctor Lloyd del orfanato y de las supuestas negligencias de las enfermeras del distrito[68].

Esta es la primera cita en la que podemos leer algo sobre la presencia del afamado médico viajero de Agatha Christie. Surge la figura del doctor Lloyd en el séptimo *sketch* de los conocidos *The Thirteen problems.* El médico Lloyd sustituye a dos personajes: al abogado Petherick y al vicario Pender, que desaparecen de las reuniones de los martes noche. Bien es verdad que estas primeras reuniones se celebran en casa de Miss Marple y otras, como *El geranio azul*, en casa del matrimonio Bantry.

El geranio azul, publicado originalmente en diciembre de 1929 en la revista *The Christmas Story-Teller*, será el *sketch* inaugural o presentación del doctor Lloyd. Doctor del que tendremos una descripción física muy limitada y unas sucesivas intervenciones también muy limitadas, salvo en *La señorita de compañía.*

Que el personaje de Lloyd reúna a dos personas reales no tiene ninguna dificultad, ni es una excepción en la literatura de Agatha Christie, como ella nos confirma en su *Autobiografía* sobre otros casos. A mí me parece mucho más importante que Lloyd aparezca en la obra Agatha Christie después de su presencia, de la de Agatha, en Canarias, donde conoció al doctor Lucas y donde pudo conocer también la faceta de doctor navegante Conan Doyle.

El médico Lloyd tiene su mayor relevancia en *La señorita de compañía* por lo que es muy fácil entender que es la personificación ficticia del misterioso doctor Lucas.

El papel de Lloyd en *La señorita…* es el mismo que realiza Lucas ante el alma atribulada de la postergada Agatha por el *mauvais sujet*, que diría Mrs. Clara Miller sobre su yerno. En ambos

---

68 *El geranio azul* en *Miss Marple y Trece Problemas.*

casos, el galeno Lloyd-Lucas no se limita a sanar la somatización del problema, sino que da consejos de carácter psicológico para afrontar el problema espiritual de la señora Barton-Christie.

El doctor Lloyd sanará el insomnio de la supuesta señora Barton:

> —Y luego, cambiando de tono, me pidió que le diera algo que la ayudara a dormir, ya que no había podido hacerlo últimamente desde... desde que sufrió aquel terrible golpe.
>
> —¿Está segura de que es eso? ¿No le ocurre nada? ¿No hay algo que torture su mente?[69]

El doctor Lucas sanará la garganta de la verídica señora Christie:

> Mientras estábamos allí, se me irritó mucho la garganta. Vino a verme y me dijo:
>
> —Se siente usted muy desgraciada por algo, ¿verdad? ¿De qué se trata?
>
> ¿Problemas con su marido?[70]

Lucas es el doctor…

En cambio nada nos dice Agatha Christie de quién fue el médico de su hija Rosalind, cuando estuvo en el mismo hotel y fecha con una amigdalitis. En este caso escribió:

> Nunca admitía que estaba enferma. En las islas Canarias había tenido amigdalitis, pero no soltó una palabra sobre el tema; excepto para decir:
>
> —Estoy de muy mal humor[71].

69 *La señorita de compañía* en *Miss Marple y Trece Problemas.*

70 CHRISTIE, A.: *Autobiografía*, pág. 322.

71 CHRISTIE, A.: *Autobiografía*, pág. 370.

Nos dejó escrito, Agatha, en sus amables y sinceras biografías, pasajes como estos dos que no invalidan, en absoluto, el conjunto biográfico:

> Los recuerdos no son del todo precisos; una los compone en su mente, asignándoles fechas y hasta lugares equivocados.
>
> Aunque ahora todo está envuelto en una especie de neblina, recuerdo aún algunas situaciones aisladas grabadas en mi memoria[72].

Estas dos citas, de las muchas que podemos encontrar con el mismo significado emocional en la autobiografía de la novelista, nos permiten centrar el tema de esta hipótesis de trabajo que trata sobre la identificación del doctor Lucas. Persona a la que tuvieron que conocer todos los miembros de The Agatha's group en su estancia en Gran Canaria. Ninguna de estas dos citas autobiográficas anula el valor de lo expresado en el conjunto de sus memorias. Todo lo contrario, estas notas confirman el valor espontáneo y natural de estos recuerdos que necesitan ser apuntalados en algunas ocasiones. Y aquí tenemos una ocasión en la que *Miss Marple and The Tuesdays club memberships* pueden ayudarnos.

Hipótesis:

1.—f. Suposición de algo posible o imposible para sacar de ello una consecuencia.

Hipótesis de trabajo:

2.—f. Hipótesis que se establece provisionalmente como base de una investigación que puede confirmar o negar la validez de aquella.

Esta es la definición oficial de nuestra Real Academia de la Lengua para definir la proposición, en la que creo poder aportar algunos datos, sobre el enigmático doctor Lucas.

---

72 CHRISTIE, A.: *Autobiografía*, págs. 177 y 205, respectivamente.

—¿Y qué datos va a darme usted para empezar a trabajar? Me dirá usted señora o señor lector y yo, parodiando al doctor Lloyd, replicaré: Desde el principio me di cuenta de que había algo extraño en este doctor Lucas y su hermana Meek. Desde luego interrogué todos los documentos a mi alcance sobre lo que he visto de este caso[73].

El primer documento es la guía de forasteros que se publicaba en las ciudades de cierto renombre como Las Palmas de Gran Canaria. Estas guías de forasteros reciben distintos nombres según el editor, nombres que se pueden ver en el capítulo o apartado FUENTES de este librito. Bien, pues en esos documentos publicados en fechas de la visita de Agatha a Canarias, de los treinta y dos médicos españoles registrados en la ciudad de Las Palmas de Gran Canaria, ninguno tiene ni nombre ni apellido con la palabra Lucas y el único médico británico registrado es Francis Cross, director del *Victoria Hospital.*

¿De dónde surge el nombre de Lucas? Para responder a esta pregunta hemos de acudir a la *Autobiografía* de nuestra novelista, después se explicará. Miren lo que aparece en la *Autobiografía*:

> He olvidado el nombre de su jefe. Le llamaremos, por comodidad, señor Goldstein. Era un hombre grande y amarillento. Cuando le pregunté a Archie sobre él, lo primero que me dijo fue:
>
> —Bueno, está muy amarillo. Gordo también, pero sobre todo, amarillo[74].

Pues aquí sucede lo mismo, Agatha Christie ha olvidado el nombre del médico y acude a un nombre santo para un hombre providencial. Como ya se ha podido leer en el primer capítulo,

73 Párrafo compuesto con líneas de *La señorita de compañía* y *La abogada o Muerte en el lugar*, este segundo *sketch* puede tener uno de estos dos nombres según la edición. En *Miss Marple y Trece Problemas.*

74 CHRISTIE, A.: *Autobiografía*, pág. 234.

san Lucas, el evangelista[75], es el paradigma del doctor Lucas con quien Agatha y Carlo departían en las veladas nocturnas del hotel Metropole o en las del British Club, si es que acudieron a este último sitio.

Sintetizando:

LUCAS EVANGELISTA	DR. LUCAS
Ameno narrador de la vida de Jesús y su entorno	En las veladas nocturnas, el doctor Lucas era la persona más relevante del círculo de tertulianos
El santo evangelista era médico	El doctor realizó el milagro de curar la afección de garganta de la señora Christie
El evangelista fue el pintor que, según la tradición, retrató a María, la madre de Jesús. Sobre esto último hay que aclara que el término pintor no se refiere a su habilidad con el pincel sino con el cálamo al describir y tratar a María. Lucas evangelista hace la función de psicólogo al "retratar" la personalidad de María	Lucas médico hace la función de psicólogo que intenta retratar el problema de la paciente Agatha

Sobre el idioma de conversación. Conviene exponer este punto porque algunos estudiosos entienden que Lucas tenía que ser súbdito de su majestad el rey Jorge. No se han percatado estos estudiosos que Agatha Christie hablaba correctamente el fran-

75 Según la tradición, en la catacumba de Priscila, en Roma, había un retrato de María hecho por el santo Lucas. Debemos tener muy presente la función simbólica de la pintura paleocristiana.

cés, como nos lo repite en sus memorias. Carlo posiblemente también hablaba francés como correspondía, en Gran Bretaña, a una mujer educada en un nivel medio alto. Miss Marple, según su autora, hablaba algo de alemán, pues había tenido una institutriz alemana.

En cuanto al nombre de la señora Meek puede ser un olvido o una transcripción de fonética incorrecta, aparte que los diminutivos y nombres familiares no tienen regulación. ¿Mary es en español o en inglés? No obstante lo del idioma lo retomaremos.

Conviene, ahora, volver sobre la estancia en Gran Canaria.

Indudablemente, para que llegara a establecerse esta amistad con el doctor y su hermana Meek tenían que haber mediado unos encuentros frecuentes en Gran Canaria. Además, recordemos que Rosalind estuvo unos días en Londres, «con una de sus amigas, Pam Druce, a cuyos padres había [Agatha] conocido en Canarias». Una y otra cosa supone un conocimiento social de más de una o dos semanas. Recordemos que estamos estudiando los años veinte del siglo XX y los protocolos sociales no eran lo que ahora son. Nadie, que no se arriesgara a ser calificado de aventurero/aventurera —¡ejem!—, se tomaba intimidades coloquiales como las expresadas por Agatha. Nos comenta la novelista, en sus memorias, que cuando fue a París con su madre, la señora Miller se había cargado de cartas de presentación y de direcciones:

> El doctor Lucas y su hermana, la señora Meek. Ella era bastante mayor que su hermano y tenía tres hijos. El doctor Lucas era especialista en tuberculosis y tenía un sanatorio en la costa oriental; había quedado impedido en su juventud —no sé si por tuberculosis o polio— y tenía la espalda ligeramente encorvada y una constitución delicada, pero tenía unas dotes curativas sensacionales, y un éxito extraordinario con sus pacientes.
>
> —Mi socio, ¿saben? —nos dijo una vez—. Es mejor médico que yo, tiene más conocimientos, sabe más cosas, pero no puede hacer por sus pacientes lo que yo hago. Cuando me marcho, se derrumban y recaen; en cambio sí están conmigo se sienten bien[76].
>
> Toda su familia le llamaba *padre*. Carlo y yo hicimos lo mismo en seguida.
>
> Cuando murió, cinco o seis años después, sentí que había perdido a uno de mis mejores amigos.

¿Sería este tertuliano del hotel Metropole el que le contaría a Agatha Christie el caso de las dos mujeres que se ahogaron en El Confital?

---

76 Observemos esta nota de periódico. 17/08/1907, *Diario de Las Palmas*, pág. 2: El martes pasado se practicó en el Sanatorio de San José del puerto de la Luz, que dirige el doctor don Bartolomé Apolinario, la arriesgadísima operación cesárea en la joven señora doña Milagros Gallardo de Ponce. Hizo la operación el doctor don Rafael González asistido de los médicos Sres. Quevedo, Agustín Millares, Apolinario y Valle. El éxito fue completo, logrando salvarse la joven paciente cuyo estado continúa siendo satisfactorio lo mismo que el de la cría. Les felicitamos.

Estos párrafos pertenecen a la *Autobiografía* de Agatha Christie, páginas 322 y 323, repetidamente mencionada. Ahora conviene analizar y aplicar estos rasgos a nuestros sospechosos.

—A los cuatro sospechosos —comentó Mr. Lloyd con voz apagada.

—Mejor lo dejamos en dos, estimado doctor —corroboró fuertemente sir Henry, antiguo agente de Scotland Yard.

—Se quedarán en uno —siseó Miss Marple.

—¡Oh! Caramba, disculpadme —interrumpió la preciosa Joyce Herlier—. No me ha quedado claro, cuántos son.

—No se preocupe, querida, empezaremos por el primero —dijo con cierta sorna Artur Bantry.

—Pues por los papeles que mostró el martes pasado el estimado Lloyd, creo que el primer sospechoso se llama igual, doctor Lucas —satisfactoriamente ratificó Dolly Bantry.

Lucas Alzola Apolinario

Nacido en Las Palmas de Gran Canaria, 1862, y fallecido en la misma ciudad, barrio del Puerto de la Luz, en 1937. Persona muy apreciada por su gran dinamismo y por sus cualidades benefactoras para el conjunto de la comunidad. En 1927, cuando lo conoció Agatha Christie tenía 65 años, edad venerable para aquella fecha. De figura física poco agraciada por su delgadez que se contraponía a su mucha amabilidad y elegancia, al decir de sus sobrinas[77].

Lucas Alzola no era médico de profesión, pero era el presidente delegado de Cruz Roja y presidente director de la mutualidad obrera La Previsora de trabajadores de Las Palmas. Esta última institución tenía un centro de atención en la calle Alfonso XIII, actual Primero de Mayo, al oeste de la zona de Triana. A este centro acudían numerosos enfermos, entre ellos las víctimas del espantoso monstruo llamado tuberculosis. Por esta íntima relación con la medicina y por su bondad con los enfermos es fácil pensar que le trataran de doctor, especialmente los extranjeros, y de padre, los muchos menesterosos que dependían de su benevolencia. Lucas era soltero, generoso, liberal.

Lucas Alzola Apolinario era un hombre de negocios, lo que en aquella época se llamaba «un capitalista». Sus negocios, resumiendo mucho, abarcaron numerosos asuntos: construcciones de obras públicas, entre otras, del mercado del Puerto; de la ampliación del muelle de Santa Catalina; presidente de Fomento y Turismo, también del Círculo Mercantil; presidente de la concesionaria de abastecimiento de aguas con la Water and Power Company Limited; socio notable, con su hermano Rafael, de la empresa consignataria y de abastecimiento de buques The Grand Canary Coaling Company, y de un largo etcétera empresarial. Las dos últimas compañías nos hacen pensar que podía conocer el

77 En este momento se ha podido entrevistar a sus sobrinas-nietas Carmen Alzola Navarro y Carmen Navarro Alzola. El padre de Carmen Alzola era hermano de la madre de Carmen Navarro, y lo contrario con los señores Navarro.

idioma inglés suficientemente bien como para una conversación sencilla.

Lucas Alzola tenía dos hermanos: Rafael y Ana, ambos realizaron matrimonio, con la dificultad para el investigador que son matrimonios cruzados entre familiares por lo que se hace difícil, aún para los mismos descendientes actuales, deslindar quién es quién y grado de parentesco[78].

Nuestro sospechoso tuvo un final muy triste. Lucas Alzola fue varias veces candidato republicano al ayuntamiento de su ciudad. Esto le ocasionaría que un fatídico día de 1937 fuera asaltado en el parque de Santa Catalina, próximo a su vivienda de la calle Luis Morote, por varios falangistas que le obligaron, pistola en mano, a beber un purgante que le ocasionaría un estado de degradación física que le llevaría a la muerte.

Bartolomé Apolinario Macías

Las Palmas de Gran Canaria, 1856-1929. Notabilísima personalidad canaria que realizó la carrera de medicina en Montpellier, ciudad en la que estuvo ejerciendo la carrera de medicina; fue director del Instituto Ortopédico, en la ciudad de Pia, en los Pirineos Orientales franceses; y contrajo matrimonio con Leoncia Carles. No tuvo descendencia de este matrimonio.

Vuelto a Gran Canaria, 1886, sigue ejerciendo su profesión y entra en la actividad política. En 1890 es concejal municipal de su ciudad natal y se le asigna el distrito del Puerto. En 1902 fue alcalde accidental, realizando una importante labor de reorganización de la sanidad pública y abastecimiento de agua; también fue consejero del Cabildo Insular, etc. etc. etc.

Persona muy activa y con un sentido de la responsabilidad civil que su preparación académica le exigía, participa en numerosas organismos y comisiones, siendo presidente, entre otras institucio-

78 No se ha podido ratificar que existiera otra hermana llamada Marcela.

nes, de la Cruz Roja. Su labor de mayor trascendencia ha sido la creación, en 1894, de la Casa-Asilo de San José para prestar atención sanitaria a los obreros portuarios y una sección especial para niños que, según la tradición, le llamaban «padre»[79]. Este conjunto benéfico sanitario se construyó en la orilla de la playa de Las Canteras, al oeste de la ciudad, en terrenos de su propiedad. Es de prever el elevado número de enfermos de tuberculosis que fueron asistidos en este centro. La población del distrito Puerto lo reverenciaba como a un padre bondadoso y salvador de vidas y haciendas.

Dr. Bartolomé Apolinario Macías

Realizó un segundo matrimonio, 1891, con María Fernanda Navarro de la Torre, 1870-1965, con quien tuvo cuatro hijos.

Cuando Agatha Christie se hospedó en el hotel Metropole, que disponía de servicio médico para los huéspedes, el doctor Bartolomé tenía 71 años, edad similar a la de su primo Lucas Alzola Apolinario.

---

79 Diario de Las Palmas, 02/05/1901, pág. 1. Ciertamente ni en este artículo ni en el libro escrito por el hijo de Bartolomé Apolinario, Juan Francisco, se dice lo de "padre", pero era *vox populi*, como lo decía Agatha Christie.

Dr. Bartolomé Apolinario con los niños, izq. - dcha: Mª Fernanda Apolinario Navarro, ¿?; Lucrecia, Maruja y Bartolomé Apolinario Cambreleng; Mª Teresa Socorro Apolinario y Diego Raúl Perdomo Martín Fdez.

Otra cosa importante que debemos reseñar es que su hermana mayor, Carmen Apolinario Macías, 1853-1933, casada con Antonio Gómez Navarro, había colaborado intensamente en la construcción y dotación de la fundación de su hermano Bartolomé, la Casa-Asilo de San José. En la fecha de la visita de Agatha Christie, Carmen Apolinario, viuda desde 1906, sufría una grave y perenne depresión cuyo origen estuvo en presenciar la muerte de su hijo Juliano, niño de once años, por un accidente doméstico, 1896[80]. Esta última circunstancia hacía que el hermano médico acompañara a su querida hermana mayor, Carmen, en diversas salidas.

80 En los periódicos no se registra el hecho. Según la tradición familiar, parece que el niño jugaba en la azotea de la casa de la calle Cano, vivienda de la familia, con un triciclo o similar y cayó al patio, presenciando su madre, Carmen Apolinario, el hecho desde la galería. Este era el tercer hijo, uno de los anteriores fue de meses, el otro con pocos años; que se le moría al matrimonio Gómez-Apolinario.
En el *Diario de Tenerife*, 11/01/1897, pág. 2, se indica que el matrimonio Gómez-Apolinario marcha de viaje a la Península. Según los comentarios familiares este viaje era a Inglaterra en busca de distraer/consulta médica a la dolorida madre. Esta dinámica de salir de viaje no nos debe llamar la atención. Domingo Pérez Galdós y su esposa Magdalena también se ausentaron de la isla, 1868, por el fallecimiento de su hijo, Sebastián, muchacho de nueve años. Ved CAMPOS ORAMAS, J.: *Una prima de Galdós.* ANUARIO DE ESTUDIOS ATLÁNTICOS, Núm. 51, 2005.

Carmen Apolinario Macías y Antonio Gómez Navarro con algunos de sus hijos, izq. - dcha: Francisca, Juan Francisco, Cayetana y Bartolomé. Fecha: 1892, aprox.

El doctor Bartolomé Apolinario falleció en su casa de la playa de Las Canteras de forma repentina. El doctor Apolinario, a pesar de su edad avanzada, mantenía una figura atractiva, de noble aspecto.

*

Después de este análisis, creo que bastante minucioso, podemos confirmar lo que Miss Marple ya nos adelantaba.

—Se quedarán en uno —siseó Miss Marple.

En efecto, ¡en plural! Porque creo que Agatha Christie vuelve a fundir en un solo nombre dos o más personas que conoció en un momento determinado. Como escribió en sus memorias la escritora: se recuerdan momentos concretos y, en medio, largos espacios vacíos de meses e incluso años.

Y si no están de acuerdo con lo que escribió nuestra escritora, observen este pequeño desliz que escapó, incluso, a sus correctores o asesores:

Sólo ocurrió un incidente digno de mención cuando salimos de Las Palmas hacia Inglaterra. Llegamos a Puerto de la Cruz para coger el barco de la Union Castle y entonces descubrimos que Osito Azul se había quedado en tierra. El rostro de Rosalind empalideció inmediatamente...

ABSTENERSE MITÓMANOS

> Lo primero que leímos de Dickens fue Nicholas Nickleby; mi personaje preferido era el viejo caballero que cortejaba a la señora Nickleby tirando calabazas por encima del muro. ¿Será ésta una de las razones por las que, al jubilar a Hércules Poirot, le puse a cultivar calabazas? ¿Quién sabe?[81]

Entramos ahora en un gran capítulo formado por la exposición detallada del trabajo de investigación que me he propuesto, como hasta ahora se ha visto, publicarlo como un *scherzo* o divertimento.

Como casi todas estas investigaciones, en las que hay que echar mano del escalpelo y de las erinas, estas pueden ser algo tediosa, de aspecto crudo y no adecuado para mentes sensibles a las mitificaciones. En este tipo de investigaciones sale el autor o autora más humanizada, más asequible, pero menos glamurosa. No debemos olvidar que el artista literato manifiesta, de forma consciente o inconsciente, sus vivencias en las obras que escribe. Estas vivencias pueden ser muy íntimas, pero acaban aflorando porque el/la artista se acaba entregando a su propia obra. Agatha Christie, en su *Autobiografía*, reconoce que el pícaro subconsciente le hace actuar de manera compulsiva. Entre otras muchas cosas se pregunta Agatha, por qué Poirot se retira cultivando calabazas.

Aviso para los más reacios a admitir estas propuestas o análisis: las coincidencias no tienen que ser de exactitud milimétri-

81 CHRISTIE, A.: *Autobiografía*, pág. 126.

ca. Si las coincidencias fueran milimétricas sobrarían tanto las aportaciones como el genio artístico del escritor, en nuestro caso escritora. También veremos cómo Agatha Christie, al igual que otros novelistas, genera intencionadamente divergencias con la realidad bien porque le place ocultar o combinar con otros casos, bien porque el respeto a los implicados en el problema así lo aconseja.

Crimen en El Confital y *La señorita de compañía*, coincidencias:

1.—El periódico y un autor canario

2.—Turistas británicas en Canarias, artistas, fuertes y amantes del mar

3.—Suceso al oeste de Gran Canaria

4.—El criminal suceso acontece el segundo día de estancia en Gran Canaria

5.—No hay acusación de delito

Como ya está anunciado empezaremos a ver las coincidencias entre el horrible crimen, asesinato, acontecido en El Confital y el traslado de algunos de sus aspectos a la novelita o *sketch* literario *La señorita de compañía.*

La primera de estas coincidencias es un recurso literario que aquí adquiere especial relevancia: el periódico. La prensa escrita permite a la novelista avalar su documentación y a nosotros reforzar la tesis de las coincidencias. Esta referencia a la prensa ha sido el detonante para localizar históricamente el suceso.

En efecto, el Dr. Lloyd insistirá en que el hecho tienen valor histórico, que aconteció años atrás, 1920, y que ahora, 1927, es conocido por la novelista en las charlas nocturnas del hotel Metropole, que en la novela será en *El Club de Los Martes*. También pudo conocer, Agatha Christie, este criminal suceso el día en que se trasladó de excursión a Puerto de Las Nieves, en Agaete. Que el hecho se narrara en la excursión, aunque no sucediera en aquel pago de Agaete.

La coincidencia de la fuente periodística / Dr. Lloyd queda reforzada con la participación de señor Galán. Recordemos que el sr. Galán narra a los periódicos su propia actuación y Lloyd narra sus experiencias isleñas en la reunión del martes noche.

Como la presencia del doctor Lloyd ha sido tratada en otra parte de este trabajo, pues aquí se obvia.

Otras coincidencias inamovibles son que, en ambos casos, las protagonistas son dos mujeres británicas, de edades cercanas o algo superados los cuarenta años, que visitan canarias como turistas. Una de estas mujeres es declarada artista, de no se sabe qué disciplina, y a una de las damas de ficción se le sospecha capacidad artística como pintora.

> Eran dos señoras inglesas, el tipo clásico de viajera inglesa que se encuentra en el extranjero. Las dos debían rayar los cuarenta años...y era probable que una de las dos pintara de vez en cuando[82].

Igualmente Miss Durrant, la señorita de compañía, tiene la misma fuerza física que Miss Sara Mydelomore, presunta asesina. Ambas mujeres son físicamente fuertes, una para ahogar a su señora y la otra para bañarse, como poco, con mar rizada, según podemos confirmar en el periódico *La Provincia*, 06/07/1920, pág. 1[83].

> Observaciones meteorológicas. Día 4 de Julio de 1920.
> Presión barométrica media: 764'04
> Temperatura máxima: 24°
> ídem mínima: 18°
> ídem media: 22°
> Dirección de viento: N.
> Recorrido en kilómetros: 23'5
> Humedad relativa media: 69%
> Horas de sol: 8'30
> Evaporación en centímetros cúbicos: 3'8
> Lluvia en milímetros: 0'00
> Estado del mar: Rizada.

82 *La señorita de compañía* en *Miss Marple y Trece problemas.*

83 La fecha del periódico y del parte meteorológico son correctas. ¡Eran otras épocas!

Estamos todos de acuerdo en que a las damas de ficción, como a las visitantes de carne y hueso, les gustaba nadar y en mares algo bravos. Miss Curtis y Miss Mydelmore acuden, enigmáticamente, a una zona de baños peligrosa: El Roque. Por otra parte debo comentarles a los lectores más jóvenes que la playa de El Puerto de las Nieves de 1920 o 1927, y bien largo el siglo XX, no era una playa ni cómoda ni pacífica, en cuanto a la mar. Vamos, no era ni la sombra de la actual playa protegida por el extenso muelle del que hoy goza. ¡Ah! y playa de piedras o callaos.

También debemos considerar, aunque esto con menos fuerza de indiscutibilidad, que ambos crímenes acontecen en la zona oeste de Gran Canaria, a la vista del omnipresente padre Teide. Pero esta presencia volcánica plantea estas preguntas: ¿Tendría conocimiento Agatha del crimen durante una velada: almuerzo, merienda o cena, en la Caseta de Galán? ¿Sería la presencia del Sr. Galán la que desencadenaría el inicio del relato o él sería el primer narrador? Esto sí que no lo podremos saber…

Nueva coincidencia surge cuando en ambos casos el criminal accidente sucede el segundo día de estancia en Gran Canaria. Las viajeras del Andorinha arriban el lunes 28 de junio de 1920 de paso para Tenerife, según periódico; a la vuelta, sábado 3 de julio, su segunda vez o segundo día en Gran Canaria, acontece el asesinato. Observamos que el segundo día de llegar las dos turistas de ficción a Gran Canaria igualmente acaece el asesinato de la señora Barton a manos de su dama de compañía.

Una coincidencia más, alguna se me escapará, la tenemos en que no hay acusación formal de delito. La impostora Miss Durrant no es acusada de delito y solo permanece, disfrazada de Barton, en Gran Canaria a la espera de que el caso tome cierta resolución para saber qué hacer con los enseres de la difunta. Miss Mydelomore, en los primeros momentos, no es acusada de delito por parte de las autoridades, que la dejan marchar a Inglaterra. Posteriormente, Sara Mydelomore es requerida por las autoridades y tiene que permanecer en Gran Canaria un tiempo que es desconocido para nosotros, pero que está sujeto a la resolución de los asuntos de Dora Curtis.

La última coincidencia y más poderosa, la escritora la copia netamente, de este grupo la hallamos en el mentado cuento o narración *La imaginación del viajante*, que el escritor canario Alonso Quesada (Rafael Romero Quesada) publicó en el periódico barcelonés *La Publicidad*[84]. Alonso Quesada pone en boca del viajante de comercio catalán, señor Norbillat, ¿tal vez trasunto del gaditano señor Galán? Lo siguiente:

> O bien se bañaron juntas y una se hizo la inexperta en el agua y, mientras la otra quería salvarla, la fue hundiendo en el mar para que nadie pudiera pensar en degüello alguno… Yo creo que es un crimen concebido en pleno Londres y venido a ejecutar —para mayor seguridad de justicia— en España.

El puerto de Las Nieves, Agaete
1910 – 1915 aprox. K. Herrmann

84 Periódico editado en Barcelona entre 1878 y 1922, escrito en castellano, posteriormente en catalán.

The Agatha's Troup y las protagonistas de *La señorita de compañía*, coincidencias:

1.—Turistas de invierno

2.—Mismo hotel: Metropole

3.—Descripción física de las protagonistas

4.—Mujeres con gustos similares: el mar

5.—Dama de compañía

6.—Viaje a Las Nieves, Agaete, lugar turístico

Ahora podemos pasar a comentar otro conjunto de coincidencias intencionadas, es decir las que Agatha Christie toma de la realidad de su grupo y traslada a la novela. Es obvio que las coincidencias que hayan acontecido entre The Agatha's Troup y las viajeras implicadas en el asesinato real son inaccesibles para la voluntad humana.

Como ya hemos podido leer, los artistas se reflejan en su obra, echan mano de la realidad que palpita o ha palpitado en su entorno. Cuando no es la voluntad del artista, es su subconsciente el que brota espontáneamente en su trabajo. Agatha Christie nos lo recuerda en sus memorias con un ejemplo, el caso que la escritora transfiere a su novela *Asesinato en el campo de golf*. Esta novela surge de un hecho real conocido en Francia[85].

Esta novela mencionada y el resto de las obras nos acaban dando pistas de la vida pública, privada e íntima de la escritora, como sucede en el caso que ahora tratamos nosotros aquí.

Pongamos a caminar la máquina pensante, esas pequeñas células grises...

El primer movimiento es sencillo, tanto The Agatha's Troup como las señoras Barton y Durrant son turistas de invierno. El

85 CHRISTIE, A.: *Autobiografía*, pág. 246.

primer grupo aquí citado vino en febrero, regresando al Reino Unido en los primeros días de marzo. En el segundo caso no sabemos con exactitud en qué fecha arriban a Gran Canaria las damas de ficción, pero sí en invierno. Lo sabremos por boca del doctor Lloyd. El doctor nos dice que la sobreviviente, Durrant disfrazada de Barton, permaneció en la isla «un corto espacio de tiempo». La sagaz Miss Marple desea concretar cuánto es un corto espacio de tiempo y Lloyd acaba indicando que:

—Creo que unos quince días. Miss Durrant fue enterrada allí y, unos días después, Mrs. Barton tomó un barco de regreso a Inglaterra. El golpe la había trastornado tanto que no se sentía capaz de pasar el invierno allí, como había planeado.

Y a esta casualidad, invierno, tenemos nosotros que añadir, para redondear, otra más:

—¿Dónde estaba la supuesta Mrs. Barton en marzo? —corrobora Miss Marple.

—Y luego —contesta Lloyd—, en marzo, se marchó a ese balneario de Cornualles donde comenzó a actuar de un modo extraño.

Pues igual que The Agatha's group, en Reino Unido. Mrs. Barton en Cornwall, Cornualles, en un balneario, fuera de temporada, en un lugar que de alguna manera era familiar para Agatha Christie.

De las coincidencias, la primera que surge es el hotel o residencia de la ciudad de Las Palmas de Gran Canaria: Hotel Metropole. Podían las de ficción elegir otro hotel, había varios decentes y cómodos como El Rayo, en el Puerto, o el recién inaugurado Atlántico, en Ciudad Jardín. Ellas prefieren el indiscutido Metropole, que Agatha conocía muy bien después de tres semanas en él[86].

86 El Rayo, aunque varió el nombre de fonda por el de hotel, tuvo dos sedes. Se inauguró antes de 1897, *Diario de Las Palmas*, 27/04/1897, pág. 2. El Atlántico en 1927.

También podríamos comentar algo sobre la descripción de ambas turistas, las reales y las ficticias. Según la novela tenían un aspecto físico similar, aunque una un poquito, solo un poquito (¡el eterno femenino!), más gruesa que la otra. Agatha y Charlotte eran igualmente muy parecidas y solo un poquito, un poquito, una más gruesa que la otra. A las fotos nos remitimos.

> Las dos debían rayar los cuarenta años. Una era rubia y un poco... sólo un poco llenita. La otra era morena y un poco... también sólo un poco exageradamente delgada.

> Me gustó la señorita Fisher en cuanto la vi. Era alta, de cabello castaño, unos veintitrés años[87].

Las aficiones marineras de ambas señoras, Burton y Christie, coinciden. Ambas disfrutan no solo con los baños de mar sino con la natación, que son cosas distintas. Agatha, en sus memorias, insiste mucho sobre su amor a la natación desde muy jovencita, pero no nos escribe sobre si Carlo, Miss Fisher, era amiga de nadar; pensaría la novelista que mejor que no, que no le gustara...

Ambas señoras se ven precisadas de una dama de compañía. En el caso de Agatha lo entendemos fácilmente, una secretaria-*nanny*. En el caso de Mrs. Barton se debe explicar, para las personas más jóvenes, la presencia de una señorita o dama de compañía.

Hasta bien pasada la II Guerra Mundial, una señora que tuviese buena posición social y económica no podía estar sola sin su señorita o dama de compañía. Esta señorita o dama ejercía múltiples funciones desde la más elemental: distraer a su señora en las horas de no visitas; a otras más complejas como podía ser escribir la correspondencia de asuntos protocolarios, hacer los encargos de cierto nivel personal, llevar los paquetes de los objetos comprados, etc. etc. etc.

87 *La señorita de compañía* en *Miss Marple y Trece problemas* [primer párrafo] y CHRISTIE, A.: *Autobiografía*, pág. 304. Agatha había nacido en 1890 y Charlotte en 1895; en 1927 tenían 37 y 32 años, respectivamente.

Si la posición económica lo permitía, la señora viajaría, además, con una doncella para encargarse del vestuario, peluquería, etc. Agatha escribe algo sobe las señoras o señoritas de compañía en el *sketch El Club de Los Martes*. La expresión, relativamente moderna, de señorita o dama de compañía en inglés se democratizó en *companion*.

En el caso de Mrs. Barton, ésta toma o contrata a una persona que le acompañe en el viaje a Canary Islands. Debido a la posición social y privada de Mrs. Barton, no era una mujer excesivamente rica y estaba sola, sin familiares cercanos, pues de lo contrario el crimen sería delatado por estos familiares y amistades; la relación con su señora de compañía es de cierta llaneza de trato y amistad, como sucedería entre Agatha y Carlo. La escritora define a la dama de compañía como *companion*, expresión más cercana y coloquial que la fórmula protocolaria: dama/señora de compañía. Cuando se traduce el *sketch* al español del siglo XX, Concepción Peraire del Molino, la traductora, prefiere el vocablo «señorita de compañía», algo que estima más familiar que dama de compañía[88].

Ya como coda. Agatha Christie fue distinguida, 1971, por la reina Isabel como Dama comendadora de la Orden del Imperio británico (DBE), por lo tanto sería una asistenta de la reina para tales servicios comentados.

La coincidencia sobre la excursión o visita a Las Nieves de Agaete. Poco hay que añadir a lo ya comentado. Presuponemos que The Agatha's group realizaría tal actividad, como otros tantos turistas y como así hicieron las turistas británicas Barton y Durrant, con fatal consecuencia para ambas.

Como les he comentado largamente, no creo que estas explicaciones cubran todos los hechos.

Sigo pensando todavía que en aquel lugar imperaba una influencia endiablada…[89]

---

88 Recordemos que en inglés la obra se titula solamente: *Trece problemas (Thirteen problems)*. C. Peraire la precede con el conocido: *Miss Marple y…*

89 *La casa del ídolo de Astarté* en *Mis Marple y trece problemas*. Adaptación en la redacción.

NO DEBEMOS DETENERNOS AHÍ…

Hubo una larga pausa y luego Jane Helier dijo con expresión agitada:

—Oh, pero no debe detenerse ahí, precisamente en el momento más interesante. Continúe[90].

Indudablemente la investigación no ha terminado.

Como ya quedó escrito, no he podido localizar más datos de las consecuencias, legales y no legales, de las señoritas Curtis y Mydelomore. En el capítulo primero, y abusando de la cordialidad de ustedes, he puesto en boca de Miss Marple la posible acción y desarrollo del delito, pero solo de una manera novelada. Mi atrevimiento se debe a seguir yo los pasos de nuestra idolatrada Agatha Christie, que hace sus adaptaciones.

La gran autora de la novela de suspense, para solucionar los casos más difíciles o de un final desconocido por ella, echa mano de la autoinculpación. Al ignorar la escritora la resolución del hecho, al no haber una acusación probada, nuestra novelista acude a la autoinculpación que una mala conciencia no permite acallar. La víctima acaba confesando su delito, esto lo podemos ver en cuatro de los trece problemas: *La casa del ídolo de Astarté*, *Motivo contra oportunidad*, *La hierba mortal* y, también, en *La señorita de compañía*.

---

90 *La señorita de compañía* en *Miss Marple y trece problemas*.

En *La señorita de compañía*, que tiene varias coincidencias con el homicidio o asesinato ejecutado en El Confital, podemos ver cómo nuevamente interviene el amable doctor Lloyd. Nos cuenta el doctor Lucas, digo Lloyd, nuestro galeno, que la entonces ignorada, por la Justicia, impostora Durrant, haciéndose pasar por Barton, simula un suicidio con una nota de autoconfesión dejada al juez. El hecho acontece en un balneario de Cornualles, semidesierto por estar fuera de temporada. Esta escasa población nos retrotrae a la remota playa en El Confital, desértica por la peligrosidad del lugar, donde mis Curtis se baña alocadamente como lo haría la supuesta Mrs. Barton, dejando ésta su ropa al alcance de los investigadores. Dice Lloyd:

> Los periódicos hicieron alguna discreta alusión a la tragedia ocurrida en las Islas Canarias y expusieron la teoría de que la muerte de Miss Durrant había trastornado la razón de su amiga. En la indagación judicial se pronunció el acostumbrado veredicto de *«suicidio cometido en un ataque de locura»*.
>
> [Diremos nosotros que en el caso de El Confital los forenses pusieron inocuamente «sumersión»].
>
> Y de este modo cayó el telón sobre la tragedia de Amy Durrant y Mary Barton.
>
> [Podríamos poner nosotros: Dora Curtis y Sarah Mydelomore][91].

La escritora de Cornualles y vecina de Saint Mary Mead, Mrs. Christie, continúa rebuscando una solución algo más satisfactoria, pero no menos rocambolesca. No podía repetir fácilmente la solución que ya había ofrecido en otros problemas, por lo tanto redacta una inesperada y novelesca revelación que permite dar con la solución y moralizar el acontecimiento. Es oportuno recordar que Agatha Christie hace un amplio exordio sobre los criminales, delitos, los gustos por el mundo policiaco y criminal, la morali-

91 *La señorita de compañía* en *Miss Marple y trece problemas*.

zación de la novela, etc. en su autobiografía. Este exordio ocupa varias páginas, 400-402.

En *La señorita de compañía* hace Christie que el ubicuo doctor Lloyd vuelva a intervenir en el caso generando una cierta coincidencia con el suceso de El Confital. Lloyd encuentra a Amy Durrant y ésta, en un periodo muy deficiente de salud, se confiesa seriamente, cristianamente. Pero debemos observar otra casualidad más, ¡una más! El encuentro delatorio de Amy Durrant con Lloyd. Este encuentro-confesión acontece en otra isla y lugar remoto de los hechos. Nada menos que en Australia.

Del crimen acontecido en El Confital no he podido localizar la resolución legal/judicial del caso, si es que la hubo. Los periódicos canarios no vuelven a tocar el tema y yo, al menos, no he sabido localizar más datos, si es que los hubo o hay, del suceso. ¿Estarán los datos de *Crimen en El Confital* en los periódicos británicos o australianos? ¿A dónde iría a parar Miss Sara Mydelomore? Siempre quedará el misterio de quién era la otra compañera que se quedó descansando en el barco. ¿Revelaría algún dato?

Todos estamos de acuerdo con la atractiva Miss Jane Helier, no queremos que el caso de *Crimen en El Confital* se detenga así, queremos saber…

Cementerio británico de Las Palmas de Gran Canaria
La tumba de Dora Curtis estuvo en donde ahora podemos observar una cruz de hierro junto a la pared

LOS RECORTES DE PRENSA DE PERIÓDICOS DEL DR. LLOYD

Siguiendo la misma línea de *scherzo* o broma que he mantenido en este trabajo, he titulado esta sección como *Los recortes de prensa o de periódicos del doctor Lloyd.*

El objetivo de estas páginas finales es mostrar algunos artículos o crónicas que aparecen en la prensa de Canarias referentes al suceso citado como arranque de este trabajo. La razón de este despliegue de datos es que hay unos sucesos reales que están expuestos de forma novelada por mí, pero que están basados rigurosamente en datos fehacientes. La broma o *scherzo* expositivo no puede restar valor a los hechos históricos que pueden ser de interés de otros investigadores.

También es de utilidad general conocer determinados elementos coetáneos a los hechos de El Confital, de Agatha Christie, de don Lucas Alzola y del doctor Apolinario. La caseta de Galán, el tránsito de barcos, la casa-asilo San José, «ropa de baños», etc. son elementos o expresiones, algunas trasnochadas, de los que conviene tener cierta información que pueda confirmar algunos datos. Igualmente es necesario conocer determinados aspectos de la vida de hace casi un siglo que hoy son difíciles de admitir.

A la par de lo expuesto es aconsejable mostrar transcripciones de la prensa de aquella época —incluso conservando su ortografía—, para comprobar el desajuste en los nombres, apellidos, fecha, etc. a los que aquí se ha hecho referencia, así como a su calidad y su falta de rigor debido a la escasez de medios. Esta falta de rigor ha hecho necesario, entre otras cosas, incluir un calendario de 1920, pues incluso los números de los días del suceso en El Confital pueden estar erróneamente expresados por alguno de los periódicos consultados.

Mucha atención a las fechas de las noticias aquí expuestas de manera sumaria. Las entradas o recortes de prensa van desde 1881 hasta 1933, pero están agrupadas por temas y subtemas.

ÍNDICE de los recortes de prensa o de periódicos del Dr. Lloyd

EL CONFITAL y otros asuntos relacionados con el relato del homicidio o crimen:

—Situación climática de febrero de 1920

—Barco Andorinha en la fecha de febrero de 1920

—El Confital en la fecha de febrero de 1920

—Homicidio o crimen en El Confital en febrero de 1920

—La Caseta de Galán y su propietario

—Cementerio Británico de Las Palmas: registro y ubicación de la tumba de Dora Curtis

—Comportamiento de algunas personas con los turistas y estado de delincuencia en la zona de El Puerto

AGATHA CHRISTIE, datos relacionados con la estancia en Canarias:

—Kildonan Castle, 1920

—Barcos en los que se pudo trasladar The Christie's troup, 1927

—El clima en febrero 1927

—Hoteles Taoro, Metropole y Atlántico, 1927

LUCAS APOLINARIO ALZOLA, datos relacionados con:

—El entorno familiar

—La actuación profesional

—La actuación política

—La actuación social

DR. BARTOLOMÉ APOLINARIO MACÍAS, datos relacionados con :

—El entorno familiar

—La actuación profesional

—La actuación política

—La actuación laboral ajena a la medicina

—La actuación social

*

EL CONFITAL, datos relacionados con el relato de homicidio o crimen

—Situación climática de febrero de 1920

10/02/1920 *La Provincia*: diario de la mañana — Página: 1

El temporal en el Puerto

Ayer por la mañana entró en el Confital para refugiarse del temporal reinante, el vapor interaliado «Colomne». El «Colomne» se encontraba desde el amanecer frente al puerto sin poder entrar, teniendo que seguir rumbo al norte para fondear en la bahía del Confital.

Al medio día también fondeó otro vapor inglés que hacía viaje al sur. Este buque se puso al habla por medio del código de banderas, con el semáforo de la Isleta, sin que lograra recibir contestación, siguiendo rumbo al Confital, donde se encuentra hasta que amaine el tiempo.

11/02/1920 *La Provincia*: diario de la mañana — Página: 1

Por la tarde entró en el puerto el vapor inglés «Colonia» el cual se encontraba en la playa del Confital desde el lunes por la mañana.

Por la playa del Confital amanecieron ayer fondeados dos buques más refugiándose del temporal.

Ha llegado el vapor Balmes el que por causa del temporal no ha podido entrar en Puerto, anclando en el Confital.

14/02/1920 *La Provincia*: diario de la mañana — Página: 4

Al mediodía de ayer entró en puerto el vapor inglés Laplace que se encontraba en la playa del Confital.

—Barco Andorinha en la fecha de febrero de 1920

29/06/1920 *El Progreso*: diario republicano — Página: 2

El "Andorinha"

De Liverpool, escalas y Las Palmas, llegó anoche el vapor inglés "Andorinha", que trajo pasajeros y mercancías. Atracó al muelle principal.

Saldrá para el Puerto de la Cruz con pasajeros y carga. Allá tomará mercancías y luego regresará a este puerto.

30/06/1920 *Gaceta de Tenerife*: diario católico de información — Página: 1

Consignado a Yeoward, llegó ayer a mañana el vapor inglés «Andorinha». Procedía de Liverpool y Las Palmas. Trajo para este puerto carga general. Desembarcó 11 pasajeros.

Hacen viaja a su bordo 56 pasajeros.

Salió para el Puerto da la Cruz, donde tomará frutos del país.

02/07/1920 *El Progreso*: diario republicano — Página: 2

El «Andorinha».

Esta mañana fondeó en nuestro puerto el vapor inglés "Andorinha", que procede de Puerto de la Cruz de donde trajo un pasajero. En tránsito para Liverpool, conduce 55 pasajeros y frutos. Atracó al muelle-dique sur.

Aquí tomará frutos del país.

03/07/1920 *Gaceta de Tenerife*: diario católico de información — Página: 2

El "Andorinha"

Procediendo del Puerto de la Cruz llegó ayer por la mañana este vapor inglés de la casa Yeoward.

Desembarcó en esta ciudad un pasajero.

Con frutos del país fue despachado para Liverpool, llevando a su bordo 15 pasajeros.

04/07/1920 *La Provincia*: diario de la mañana — Página: 1

Con frutos para Liverpool entró del Puerto de la Cruz, el vapor inglés «Andorinha». Por la noche zarpó para el puerto de destino, con frutos del país.

—El Confital en la fecha de febrero de 1920

13/03/1920 *La Provincia*: diario de la mañana — Página: 3

Se vende, muy barato, un bonito y amplio chalet, propio para veranear, situado en el mejor sitio del Puerto de la Luz, bañado constantemente por la fresca y pura brisa del mar del Confital. Informarán en la Ferretería de don José María Valido, calle de Alvareda núm. 87.

—Homicidio o crimen acontecido en El Confital en febrero de 1920

05/07/1920 *Diario de Las Palmas* — Página: 3

[Las fechas o el número del día entre corchetes han sido puestas por el investigador para ayudar a la comprobación del dato]

¿Homicidio o crimen?

El jueves de la pasada semana [día 1 de julio] desembarcaron en Las Palmas del vapor de la casa Yeoward «Andorinha» tres inglesas jóvenes cuyos nombres se desconocen, y fueron a comer a un restaurant o merendero situado en el Puerto de La Luz, propiedad de don José Galán, prometiendo las tres inglesas a su vuelta para Liverpool volver a la casa del señor Galán.

El sábado [día 3] al medio día regresó de Santa Cruz de Tenerife el «Andorinha», desembarcando dos inglesas de las tres referidas, marchando a la susodicha casa de comidas, y al preguntarles el dueño de dicha casas por la otra compañera de viaje y qué por qué no había venido a tierra, le contestaron que porque se encontraba indispuesta.

Al atardecer del mismo día de su llegada a Las Palmas [sábado día 3] las inglesas salieron ambas para dar un paseo por la zona militar de la Isleta y al cabo de media hora o tres cuartos, aparece una de ellas sin su compañera con la que al Sr. Galán le extrañó mucho y en su vista, le preguntó dónde se encontraba su compañera, a la cual pregunta contestó la referida ingles que se quedó a bordo para ver cómo seguía la enferma, y le rogaba dijera a su compañera cuando llegara que no se marchara que ella regresaba luego.

A las pocas horas [del sábado día 3] zarpó el «Andorinha» para Liverpool, no habiendo regresado ninguna de las dos inglesas, por lo que el señor Galán sospechó de algo anormal, y tomando una linterna empezó a hacer un registro por aquellos contornos para ver si había sucedido algo. Y no habiendo notado nada se retiró a dar cuenta al Juzgado militar quien en aquel momento empezó a practicar las oportunas averiguaciones, dando por resultado el encuentro del cadáver de la inglesa completamente destrozado [el lunes 5].

El hallazgo tuvo lugar a las cinco de la mañana del día cuatro [lunes] en el sitio denominado El Confital, sospechándose haya sido su compañera la que le dio un empujón, cayendo desde una altura de treinta metros, ignorándose si fue por robo, resentimiento, celos, etcétera. Declarando el señor Galán que durante su visita a su establecimiento no vio en ellas señal alguna que demostrara el menor agravio entre ellas careciendo por lo tanto de veracidad los rumores que habían circulado respecto a este suceso, suponiéndose que se había ahogado estando bañándose en la playa del Confital.

Desde este hecho se ha telegrafiado a las autoridades inglesas para que practiquen un minucioso registro de «Andorinha» llegue a Liverpool, capturando a la joven inglesa de la que se supone sea autora de un crimen pues el hecho no parece casual.

06/07/1920 *La Provincia*: diario de la mañana — Página: 1

¿Crimen o simplemente suicidio?

El sábado último por la mañana, entró en el puerto procedente de Tenerife el vapor inglés de la flota Yeoward Andorinha con 55 pasajeros de tránsito para Liverpool.

Entre ellos venía la infortunada joven, protagonista del suceso que nos ocupa, Miss Curtis, soltera y de 29 años, natural de Liverpool y Miss Reynold amiga de la anterior.

Ocurrióseles a las dos compañeras, a la hora de mediodía, irse a bañar y como lo pensaron lo pusiéronlo por obra en la playa llamada del Roque, que está situada junto a las salinas del El Confital.

A lo que parece, según declaraciones de Miss Reynold, después de haberse bañado, quiso la desgraciada Miss Curtis volverse a bañar nuevamente y aunque su compañera Miss Reynold trató al principio de disuadirla, al ver la insistencia hubo de dejarla, diciéndola que la esperaría en el balneario del señor Galán en la playa de Las Canteras, en donde de antemano tenían determinado almorzar juntas.

Después, cansada Miss Reynold de esperar en el Restaurant citado y en vista de que su compañera no llegaba volvióse al barco, sin preocuparse del paradero de su amiga ni hacer las indagaciones naturales a que debía ser incitada, aunque fuera por curiosidad.

A las doce de la noche, el capitán del barco, antes de la salida peguntó a Miss Reynold por su compañera, a la que esta contestó que había quedado bañándose en la referida playa y no sabía más de ella, porque no había acudido al restaurant en donde estaban citadas.

El capitán dio cuenta de lo ocurrido al jefe de Yeoward Mr. Fisher, quien inmediatamente ordenó fueran en busca de la desaparecida varios empleados de la oficina en unión de los agentes de policía señores Verdú y Melgar, quienes al llegar a la playa de el Roque ya citada, encontraron a la infeliz Miss Curtis tendida entre los peñascos, con el traje de baño puesto y sus ropas usuales a alguna distancia de ella.

En el rostro, según las versiones recogidas, presentaba varias heridas.

Ayer ha sido practicada la autopsia por dos médicos militares, quienes guardan una discreta reserva, sin aventurar opinión de ninguna clase, que pueda servir para esclarecer este suceso que lo mismo pudiera resultar un crimen que un accidente desgraciado.

06/07/1920 *Diario de Las Palmas* — Página: 2

¿Suicidio o crimen?

En nuestra edición de anoche recogimos las noticias circuladas acerca del misterioso suceso ocurrido el sábado en la lejana playa de las Coloradas, de la Isleta, donde fue hallado, la mañana del domingo, el cadáver de la señorita inglesa Dora.

Está comprobado que esta señorita y su íntima amiga Miss Sarah Middlemore, pasajeras del vapor inglés Andorinha, almorzaron a la una de la tarde del sábado en el merendero de la playa de las Canteras del señor Galán, dejando encargada para las 7, comida para ellas y para una amiga que quedó a bordo, dirigiéndose ambas de paseo por el camino de la playa del Confital a las Salinas donde fueron vistas por el empleado de su familia que las vieron luego ir hacia las Coloradas, lugar muy distante, y regresar después una sola.

Miss Middlemore estuvo a las 7 en el merendero y comió sola, contando al dueño Sr. Galán que no había encontrado a la amiga que había quedado en el Andorinha, y que la otra, que la acompañó a almorzar y luego de paseo a la Isleta, se bañó con ella en una playa; después continuaron jutas andando hacia otro lugar más lejano donde Miss Curtis quiso volver a bañarse dejándola entonces sola y regresando Miss Middlemore quedando con ella en reunirse a las 7 en el merendero.

Esta señorita parece que aguardó al regreso de su amiga algún tiempo, y como no llegase comió sola y a las 9 se dirigió a bordo contando lo ocurrido al capitán del Andorinha quien retrasando la salida del buque hasta la madrugada del domingo exploró, con unión de los representantes de la casa Yeoward, la playa del Confital y Salinas sin hallar a Miss Curtis.

Del relato de este suceso se desprende un hecho extraño y raro, y es que las dos amigas íntimas marcharon juntas a dar un tan largo paseo, y que Miss Middlemore, aunque no quisiera bañarse de nuevo, dejase sola a Miss Curtis en lugar tan lejano, peligroso y solitario, y regresara al Puerto, y al ver que a las 7 Miss Curtis no venía al merendero, se pusiese a comer y regresase a bordo sin haber ido en su busca por el camino de La Isleta.

El vapor zarpó en la madrugada del domingo.

El encargado de Las Salinas, cumpliendo la petición que le hicieron el capitán del Andorinha y representantes de Yeoward, salió en busca de la inglesa desde temprano, y halló a dos kilómetros de las Salinas, en la playa de los Dos Caminos, lugar peligroso cerca de las Coloradas y al pie de una altura, el cadáver de Miss Curtis y dio cuenta inmediatamente al capitán de la guardia Batería de montaña, quien a su vez lo comunicó a la comandancia de Artillería y esta al juzgado militar, al cónsul de Inglaterra y a los representantes de la casa Yeoward que se personaron en el lugar del suceso donde comenzaron a instruirse las diligencias, disponiéndose el levantamiento del cadáver al que ayer los médicos militares le practicaron la autopsia.

Fue encontrado el cadáver boca abajo presentando una herida en la sien derecha de la que manaba sangre. Vestía traje de baño y en una mano apuñaba una media. Las ropas no fueron encontradas, lo que supone que el mar se las llevó.

Los médicos, como resultado de la autopsia, han declarado que Miss Curtis falleció por asfixia, ahogada en el mar.

El misterio sigue sin esclarecerse. ¿Sufrió una caída la señorita Curtis al salir del baño produciéndose la herida que le privó del conocimiento y se ahogó en el agua?

¿Se trata de un suicidio? ¿Fue criminal, acaso, este suceso extraño? Nada sabemos, pero el hecho está siendo objeto de muchos comentarios.

Al cadáver de la infeliz Miss Dorah Curtis se le dio sepultura ayer en el cementerio protestante de San José.

La víctima tenía unos 28 años, era muy hermosa, y el mismo día del suceso se le vio comprando chales de seda en el Bazar Inglés del muelle de Santa Catalina.

07/07/1920 *El Progreso*: diario republicano — Páginas 1 y 2

Una señorita inglesa, pasajera del vapor Andorinha, es hallada muerta

El domingo de madrugada, detrás de la montaña llamada "Las Coloradas", terreno militar de Puerto de la Luz, fue encontrado el cadáver de una señorita inglesa, presentando una herida en la frente. Pronto se supo que la tal señorita era pasajera del vapor inglés Andorinha. El suceso de su muerte parece que ocurrió en la forma siguiente:

En calidad de turistas viajaban en el vapor inglés Andorinha, Miss Curtis y Miss Sarah Middlemore, ambas amigas íntimas se conocían desde hace muchos años y durante, algún tiempo en la pasada guerra, trabajaron de motoristas guiando camiones. También a bordo del mismo vapor venía otra señorita inglesa amiga de estas dos. El lunes pasado llegaron de Liverpool y dicho día marcharon dichas señoritas de excursión a Santa Brígida continuando viaje aquella misma noche en el vapor para esta capital y Puerto de La Cruz.

El Andorinha regresó el sábado a Puerto de la Luz. La mayoría de los turistas que conducía, marcharon al campo; y otros quedaron en la población. Entre estos últimos estaban Miss Curtis y Miss Middlemore, que juntas, como era ellas costumbre, marcharon de paseo por las calles del Puerto hasta que llegaron al restaurant "Las Delicias", en las Canteras, donde almorzaron. Eran poco más o menos las doce. Terminaron de almorzar y continuaron su paseo hacia la Isleta tomando la calle Camino del Faro que termina en las proximidades del camino que conduce a la playa "El Confital". Siguieron por aquel camino y al llegar a la puerta que está a la entrada de los terrenos militares continuaron por allí dicho paseo.

Avanzaron unos dos kilómetros más allá de donde están las Salinas y después de estar sentadas se bañaron juntas saliendo ambas de este primer baño sin novedad.

Unas horas más estuvieron por aquellos sitios de paseo llegando hasta donde termina el camino posible de transitar, detrás la montaña de Las Coloradas, la siguiente hacía el paso de la del faro de la Isleta.

En este mismo sitio está la playa llamada de "Los dos caminos", sitio peligroso por el estado del mar. Dora Curtis manifestó a su compañera y amiga vivos deseos de bañarse en aquel sitio.

Miss Middlemore no quiso bañarse, mas la otra se decidió a hacerlo por lo que esta le dijo que, en vista de sus deseos, marcharía al Puerto e iría a bordo del vapor a buscar a la otra amiga para ambas esperarla en el balneario donde todas comerían a las siete de aquella noche.

Ambas amigas convinieron en lo expuesto por Miss Middlemore por lo que esta marchó camino del Puerto, dejando allí a su amiga dispuesta a bañarse.

Miss Middlemore llegó al vapor en busca de la tercera amiga, que no encontró por estar de paseo por la población. Al no encontrarla marchó al balneario donde esperó por Miss Dora Curtis hasta después de la siete. En vista de que no llegaba, púsose a comer.

Terminó de comer y llegó a bordo del Andorinha cerca de las nueve. Al llegar, lo primero que hizo fue preguntar por Miss Dora Curtis. Nadie le daba noticias. Entonces pensó que algo extraño había ocurrido a su amiga, y dio parte al capitán del Andorinha de lo que dejamos relatado, todo lo cual ha sido manifestado por Miss Middlemore.

Al conocerse a bordo la desaparición de Miss Curtis, se ordenó que la playa donde aquella se bañó y sus cercanías fuesen registradas por temor a que por desconocimiento del camino se hubiese extraviado. Dos veces se registró minuciosamente, no dando resultado alguno, marchándose el vapor a las 4 de la madrugada.

Al jefe de las salinas se le dejó el encargo de que a la mañana siguiente la buscase. Este individuo manifestó que vio pasar a dos inglesas hacia el mediodía, y que por la tarde, vio regresar a una sola. Al alba, el salinero y su familia salieron en busca de Miss Curtis. A los dos kilómetros fue encontrada muerta en la orilla de la playa.

El cadáver fue hallado en traje de baño, boca abajo y con una herida en la sien derecha. Además en una de las manos tenía una media apuñada.

Es muy probable que al salir la señorita Curtis resbalase en aquella parte tan llena de limo y cayese sobre los mariscos produciéndose la herida de la frente y que por efecto del golpe quedara sin conocimiento.

La media que aparece apuñada se supone que la cogiera para atajar la sangre que manaba de la herida producida.

Tal vez con vida estuviera algunas horas, y para desgracia de aquella no pasase por allí ningún pescador.

Las ropas de la víctima no aparecieron ayer. La pleamar pudo habérselas llevado. Solo se encuentra en la playa de Las Canteras una cartera con algunas viandas.

La autopsia del cadáver fue practicada por los médicos militares. El dictamen dice que murió ahogada, y no estrangulada como se dijo.

Queda ahora la incógnita de si se trata de un suicidio, o de un hecho fortuito o de un acto criminal.

La finada era artista, tenía 41 años, de edad y era natural de Londres.

07/07/1920 *La Provincia*: diario de la mañana — Página: 4

Miss Dora Curtís, 42 años, sumersión en la playa del Roque, en la Isleta.

08/07/1920 *Gaceta de Tenerife*: diario católico de información — Página: 1

¿Un Crimen?

La prensa de Las Palmas llegada ayer cuenta de un suceso ocurrido en aquella población que hasta ahora se encuentra velado por el misterio.

El jueves de la pasada semana [día 30 de junio] desembarcaron en Las Palmas del vapor de la casa Yeoward «Andorinha» tres inglesas jóvenes cuyes nombres se desconocen, y fueron a comer a un restaurant o merendero situado en el Puerto de La Luz, propiedad de don José Galán, prometiendo las tres inglesas a su vuelta para Liverpool volver a la casa del señor Galán.

El sábado [día 2] al medio día regresó a aquel puerto procedente de esta Capital el «Andorinha», desembarcando dos inglesas de las tres referidas, marchando a la susodicha casa de comidas, y al preguntarles el dueño de dicha casas por la otra compañera de viaje y qué por qué no había venido a tierra, le contestaron que porque se encontraba indispuesta.

Al atardecer del mismo día de llegada a Las Palmas [sábado día 2] las inglesas salieron ambas para dar un paseo por la zona militar de la Isleta y al cabo de media hora o tres cuartos, aparece una de ellas sin su compañera con lo que al Sr. Galán le extrañó mucho y en su vista, le preguntó dónde se encontraba su compañera, a la cual pregunta contestó la referida inglesa que se quedó a bordo para ver cómo seguía la enferma, y le rogaba dijera a su compañera cuando llegara que no se marchara que ella regresaba luego.

A las pocas horas [del sábado día 2] zarpó el «Andorinha» para Liverpool, no habiendo regresado ninguna de las dos inglesas, por lo que el señor Galán sospechó de algo anormal, y tomando una linterna empezó a hacer un registro por aquellos contornos para ver si había sucedido algo. Y no habiendo notado nada se retiró a dar cuenta al Juzgado militar de quien en aquel momento empezó a practicar las oportunas averiguaciones, dando por resultado el encuentro del cadáver de la inglesa completamente destrozado [el lunes 4].

El hallazgo tuvo lugar a las cinco de la mañana del día cuatro [lunes] en el sitio denominado El Confital, sospechándose haya sido su compañera la que le dio un empujón, cayendo desde una altura de treinta metros, ignorándose si fue por robo, resentimiento, celos, etcétera. Declarando el señor Galán que durante su visita a su establecimiento no vio en ellas señal alguna que demostrara el menor agravio entre ellas careciendo por lo tanto de veracidad los rumores que habían circulado respecto a este suceso, suponiéndose que se había ahogado estando bañándose en la playa del Confital.

Desde este hecho se ha telegrafiado a las autoridades inglesas para que practiquen un minucioso registro de «Andorinha» llegue a Liverpool, capturando a la joven inglesa de la que se supone sea autora de un crimen, pues el hecho no parece casual.

21/07/1920 *Diario de Las Palmas* — Página: 2

Se asegura que el sábado llegará a esta población la señorita inglesa Miss Sara Mydelomore, compañera de Miss Dora Curtis, que apareció muerta en la playa del Confital de la Isleta, hace pocos días, en traje de baños. Se añade que dicha señorita está reclamada por las autoridades con motivo del sumario que se instruye por aquel suceso que oportunamente relatamos en estas columnas.

22/07/1920 *La Provincia: diario de la mañana* — Página:1

Sobre el suceso del Confital

Se nos asegura que a fines de la presente semana, llegará a esta ciudad Miss Sara Mydelomore, señorita inglesa que acompañaba a Miss Dora Curtis, la infortunada señorita que fue hallada muerta en la playa de El Confital (Isleta) y de cuyo suceso informamos a nuestros lectores.

También nos dicen que este viaje obedece a reclamación hecha por las autoridades que se hallan instruyendo el sumario.

Veremos si Miss Sara da alguna luz en el misterioso suceso.

—La Caseta de Galán y su propietario

25/05/1914 *La Provincia*: diario de la mañana — Página: 5

Están bastante adelantados los trabajos de unas casetas de baños que construye en la playa de las Canteras don Antonio Galán. Hemos tenido el gusto de ver los planos. Son una obra ideal de su autor don J. Cirilo Moreno. Otro día nos ocuparemos del particular con el detenimiento que requiere.

04/07/1914 *Diario de Las Palmas* — Página: 2

En el establecimiento de D. Antonio Galán, en la playa de Las Canteras, se ha cometido un robo de artículos de comercio y de metálico por valor de 200 pesetas.

26/10/1918 *La Provincia*: diario de la mañana — Página: 1

Se encuentran más aliviados de su enfermedad, el dueño del establecimiento «Las Delicias» situado en la playa de las Canteras, don Antonio Galán Cruzado y su pequeña hija.

05/11/1918 *La Provincia*: diario de la mañana — Página: 1

Se encuentra completamente restablecido de su enfermedad el dueño del balneario «Las Delicias» situado en Las Canteras, don Antonio Galán Cruzado.

07/06/1921 *Diario de Las Palmas* — Página: 2

"Las Delicias"

Desde el 1° de Junio queda abierto el establecimiento de baños Las Delicias en la playa de las Canteras a cargo de su inteligente propietario D. Antonio Galán.

03/08/1922 *Diario de Las Palmas* — Página: 2

D. Antonio Galán pide la aprobación de las nuevas tarifas de automóviles, en los que hacen el servicio desde el Balneario «Las Delicias» a Las Palmas.

04/08/1922 *La Provincia*: diario de la mañana — Página: 2

Don Antonio Galán Cruzado presenta instancia pidiendo la aprobación de las nuevas tarifas de automóviles, de su balneario «Las Delicias» desde la playa de las Canteras a la calle de Torres.

—Cementerio Británico de Las Palmas: registro y ubicación de la tumba de Dora Curtis:

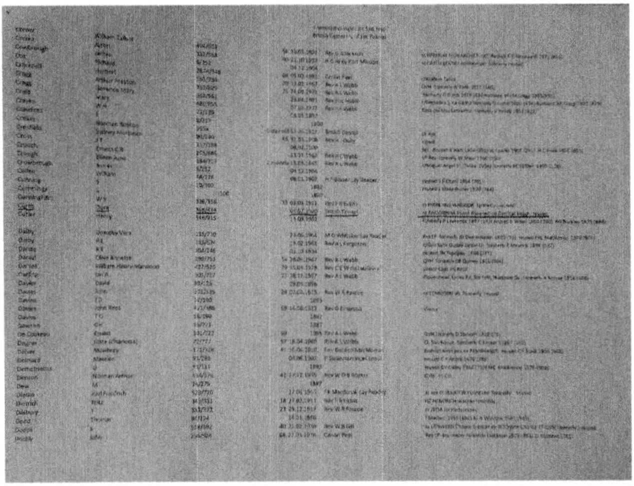

Subrayado los datos sobre Dora Curtis

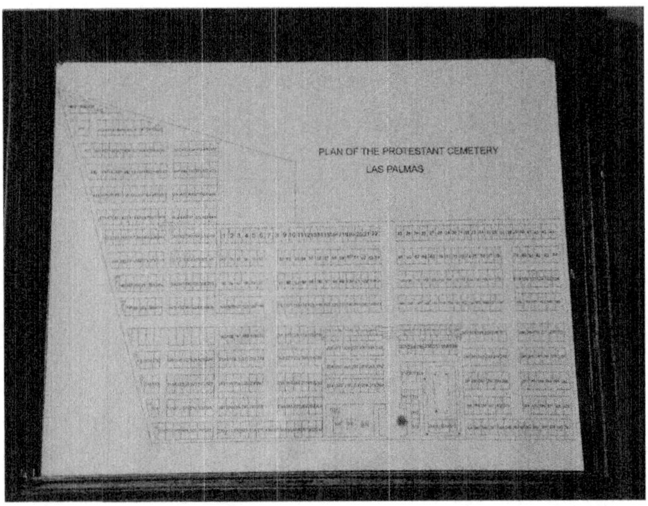

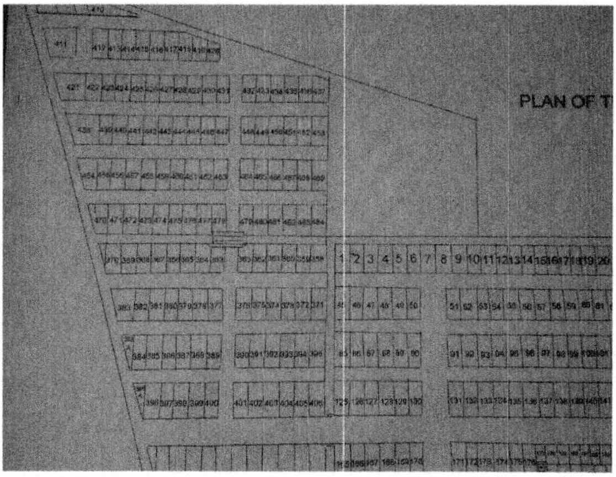

Plano de British Cementery of Las Palma o Protestant Cementery of Las Palma y ubicación de la tumba 368, lugar del enterramiento de Dora Curtis.

—Comportamiento de algunas personas con los turistas y estado de delincuencia en la zona de El Puerto

11/07/1920 *La Provincia*: diario de la mañana — Página: 2

Ha sido detenido el menor Juan Curbelo, domiciliado en el barrio de San José, por dedicarse a molestar a los extranjeros en la plaza de la Democracia, así como hacer mofa del agente y tratar de arrojarle una piedra cuando lo requirió.

06/12/1921 *La Provincia*: diario de la mañana — Página: 1

El sábado por la noche, a eso de las once, cuando venía de hablar con su novia don José Moreno, le salieron dos sujetos por la calle de Sagasta, frente al balneario de don Antonio Galán, intimándole a pararse, a lo cual accedió el Sr. Moreno; y mientras uno de los enmascarados le registraba, otro le tenía puesto en el cuello un cuchillo, que no le dejaba mover.

Después de efectuado el registro, y viendo que no tenía, dinero alguno, le dieron un puntapié diciéndole: «Corra Vd. y para otra vez traiga dinero». Más tarde, a eso de las doce, venían con dirección a su casa por la misma calle, el súbdito alemán don Jorge Fricke y su señora, acompañados de dos compatriotas suyos, y cuando se despedían frente a la calle R. 3ª, les apareció un embozado, que les dijo: «Alto ahí». En esto el señor Fricke se dirigió al salteador para que le dijera lo que quería y entonces este le disparó un tiro que pasó junto a su cabeza, quedando la bala incrustada en la pared de una casa de la referida calle. El embozado se dio inmediatamente a la fuga, sin que hasta la fecha se sepa quién era. A pesar de las constantes indagaciones hechas por la policía municipal y gubernativa, se sigue ignorando quiénes son los autores de estas fechorías.

*

AGATHA CHRISTIE, datos relacionados con la estancia en Canarias

—Kildonan Castle, 1920

18/09/1913 *La Provincia*: diario de la mañana — Página: 2

Radiotelegrafía. Las Palmas, buques al alcance

Hoy día 18 habrá comunicación probable desde la estación radio-telegráfica de Las Palmas con los siguientes vapores.

Lucie Woerman – Bürgetmeister – Eugenia-Manuel Calvo – Balmes – Luis Yíves – Villarreal – Delfín – Braemar Castle – Briton – Kildonan Castle – Corinthic – Potaro – Ravenna y Citta di Torino.

02/01/1922 *Diario de Las Palmas* — Página: 4

ELDER, DEMPSTER (GRAND CANARY) LTD.

Consignatarios de buques. Comerciantes. Alma nistas de toda clase de Mercancías, Maderas, Cem to, Hierros, Materiales de Construcción & &.

Agentes de las Compañías

African Steamship Company. The British and African St Navigation C.° Ltd. Union Castle Mail Steamship Company Ltd

VAPORES QUE SE ESPERAN

FECHAS	NOMBRES	DESTINOS
Dbre. 19 vapor	«Biafra»	Liverpool
» 22 »	«Comrie Castle»	Londres.
Enero 1 »	«Gascon»	Londres
» 5 »	«Barnby»	Costa de Africa
Dbre. 19 »	«Aba»	Plymouth-Liverpool
» 24 »	«Gambia»	Londres
» 25 »	«Ebani»	Costa de Africa
» 28 »	«Shonga»	» » »
» 31 »	«Sapele»	» » »

Para informes: Elder Dempster (G. C.) Ltd
SANTA CATALINA.

—Barcos en los que se pudo trasladar The Christie's Troup, 1927

03/03/1927 *Diario de Las Palmas* — Página: 2

Notas del Puerto

La Oficina de Información nos comunica.

—Ayer por la mañana llegó el vapor de la casa Yeoward Águila procedente de Liverpool, Lisboa y Madera con unos 60 turistas

03/03/1927 *Diario de Las Palmas* — Página: 4

ELDER, DEMPSTER (GRAND CANARY) LTD.

Consignatarios de buques. Comerciantes Almacenistas de toda clase de Mercancías Madera, Cemento, Hierros, Materiales de Construcción, & & Agentes de las Compañías

African Steamship. The British and African Steam. Navigation C.ª Ltd. Union Castle Mail Steamship Company Ltd

[illegible]

Fechas		Nombres	Destinos
Marzo	2 »	[illegible]	Costa de África
»	3 »	Durham Castle	Cape Town
»	4 »	[illegible]	Costa de África
»	4 »	Herschel	Liverpool
»	5 »	Bata	Costa de África
»	11 »	Carlow Castle	Londres

[illegible]

[Posiblemente el dato del mes (Febro.) esté erróneo, lo importante era que viajaban en día fijo]

Yeoward Line

[illegible] salidas fijas para Liverpool

Vapor	«Aguila»	día	6	de Febro
»	«Alondra»	»	13	» »
»	«Avoceta»	»	20	» »
»	«Ardeola»	»	27	» »

04/03/1927 *La Provincia*: diario de la mañana — Página: 11

[Con gran dificultad podemos ver que los días 4 y 8 salen barcos para Londres y Liverpool. Esta empresa la representaba Rafael Alzola Apolinario hermano de Lucas]

Grand Canary Coaling Company Ltd.

Consignatarios de vapores, Almacenistas de carbones, Lanchonaje de carga y frutas. THE GRAND CANARY SLIPWAY and ENGINEERING Co. Varadero, Astilleros y Talleres mecánicos. Construcción y reparación de buques y embarcaciones de todas clases. BOMBAS Y MATERIAL DE SALVAMENTO

VAPORES QUE SE ESPERAN

Fecha		Vapores	Destinos
Febrero	27	«Somme»	Havre
Marzo	1	«Highland Glen»	Río Janeiro Montevideo y Buenos Aires
»	4	«Nagara»	Londres
»	8	«Highland Pride»	Londres
»	5	«Canadian Transport»	Liverpool
»	13	«Silarus»	Havre
»	17	«Highland Loch»	Río Janeiro Montevideo y Buenos Aires
»	22	«Highland Rover»	Londres
»	27	«Sambre»	Havre
»	31	«Highland Piper»	Río Janeiro Montevideo y Buenos Aires
Abril	1	«Highland [illegible]»	Londres
»	9	«Kadnorse[illegible]»	Havre
»	21	«Highland Pride»	Río Janeiro Montevideo y Buenos Aires

[illegible] Para [illegible] generales. Oficinas.—Grand Canary Coaling Co. Ltd., Muelle de [illegible] Galdós.

Informes para pasajeros emigrantes.—Rafael Alzola Apolinario, en dichas oficinas.

05/03/1927 *Diario de Las Palmas* — Página: 4

[Fecha actualizada para el mes de marzo]

Yeoward Line

Vapores fruteros con salidas fijas para Liverpool

Vapor					
Vapor	«Aguila»	día	6	de	Marzo
»	«Alondra»	»	13	»	»
»	«Avoceta»	»	20	»	»
»	«Andorinha»	»	27	»	»

—El clima en febrero 1927

03/02/1927 *Gaceta de Tenerife*: diario católico de información — Página: 1

[Servicio meteorológico del Observatorio Municipal de Santa Cruz de Tenerife, único publicado, en estas fechas, en los periódicos de Canarias. Se ha estimado que estos son los días de llegada de Canarias de Agatha Christie]

Día 2 de Febrero

Presión barométrica máxima, referida al nivel del mar .....767'0 mmtrs.
Oscilación barométrica .... 1'3 mmtrs.
Temperatura a la sombra .... 18'8
Temperatura mínima .... 13'8
Humedad relativa media .... 64 centésimas
Agua evaporada.. 3'5 milímetros
Dirección dominante del viento ....NNW
Recorrido del viento en las últimas 24 horas.........307 kilómetros
Precipitación acuosa .... 0'8 milímetros
Estado general del cielo: .... Nuboso
Estado general del mar:.. Rizado

06/03/1927 *Gaceta de Tenerife*: diario católico de información — Página: 3

Día 5 de Febrero

Presión barométrica máxima, referida al nivel del mar.........767'4 mmtrs.
Oscilación barométrica .... 2'3 mmtrs.
Temperatura a la sombra ....23'8
Temperatura mínima ....21'8
Humedad relativa media .... 72 centésimas
Agua evaporada...4'3 milímetros
Dirección dominante del viento .... ENE
Recorrido del viento en las últimas 24 horas........414 kilómetros
Precipitación acuosa ....0'0 milímetros
Estado general del cielo: ....Casi despejado
Estado general del mar:...Marejadilla

—Hoteles Taoro, Metropole y Atlántico, 1927

21/01/1927 *Diario de Las Palmas* — Página: 2

"Grand Hotel Taoro"

Valley of Orotava

The largest Hotel in the Islands 120 rooms 20 acres of beautiful gardens.

French Cusine. Moderate terms.

Telegrafic adress. TAORO PTO. CRUZ

12/02/1927 *La Provincia*: diario de la mañana — Página: 1

Nota importante

El Excmo. Sr. Ministro de Gracia y Justicia nos comunica que tendrá mucho gusto en recibir en sus habitaciones del «Hotel Metropole» cuantas quejas y reclamaciones se le presenten siempre que vayan firmadas, y se hagan responsables de ellas los firmantes de las denuncias que se le presenten.

Desde el 15 del corriente mes[92] Ha quedado abierto al público exclusivo y magnífico

HOTEL ATLANTICO

situado al final de la Avenida donde está la iglesia inglesa

Ciudad Jardín

Se reciben encargos para comidas especiales, banquetes, etc. tanto en el nuevo Hotel, como en el Restaurant y Bar del Real Club Náutico.

15/02/1927 *La Provincia*: diario de la mañana — Página: 3

En el «Hotel Metropole» fue obsequiado por sus compañeros, los artilleros de esta Comandancia de Gran Canaria, con un almuerzo, el capitán aviador Don Cipriano Grande, de la patrulla «Atlántida».

92 La fecha es correcta, se refiere al mes de enero, aunque el anuncio es el mismo para febrero

16/02/1927 *Diario de Las Palmas* — Página: 1

19/02/1927 *La Provincia*: diario de la mañana — Página: 1

Gran Hotel EUROPA

REMEDIOS 8 Las Palmas

El nuevo dueño de este hotel ha introducido importantes mejoras en el mismo, convirtiéndolo en uno de los más importantes de esta ciudad.

El mejor situado. El más confortable Servicio esmeradísimo.

*

LUCAS APOLINARIO ALZOLA, datos relacionados con:

—El entorno familiar

01/06/1901 *Diario de Las Palmas* — Página: 2

A D. Miguel Jorge Mujica para una casa de planta baja en la Marina de los Arenales; a D. Juan Rodríguez Hernández para una casa de un cuerpo en el Arrecife del Pto. de La Luz; a D. Rafael Alzola y Apolinario para una casa de alto y bajo en la prolongación de la calle del Cano;

16/01/1914 *La Provincia*: diario de la mañana — Página: 2

Marcela Apolinario Rodríguez, 82 años, de vejez, en la calle de Triana

Ha fallecido en esta ciudad la respetable señora, Dª Marcela Apolinario, viuda de Alzola, en edad avanzada. Deja entre sus amistades imborrables recuerdos por su carácter bondadoso y por su trato delicado. Rogamos a Dios por el eterno descanso de su alma y enviamos el pésame a su apreciable familia y en especial a sus hijos D. Lucas y D. Rafael Alzola, y político D. Joaquín Apolinario, estimados amigos nuestros.

06/01/1919 *El Imparcial*: diario independiente de la capital de Canarias — Página: 1

D. Lucas Alzola Apolinario se encuentra enfermo de la infección gripe.

27/06/1927 *Boletín oficial de Canarias* — Página: 7

Con solar de don Bartolomé Juan y Roca; al Naciente o derecha entrando con casa de doña Dolores León y Apolinario; y al Poniente o izquierda, con solar de don Lucas Alzola Apolinario; ocupa una superficie de ochocientos metros cuadrados aproximadamente y ha sido justipreciado el todo en treinta y cuatro mil setecientas cuarenta pesetas.

15/01/1929 *La Provincia*: diario de la mañana — Página: 9

En breve contraerá matrimonió con la señorita Marcela Alzola don Enrique Navarro Mazzoti.

04/08/1937 *La Provincia*: diario de la mañana — Página: 1

[Podemos observar cómo Enrique Navarro estaba casado con Marcela Alzola; y Esperanza Navarro estaba casada con Rafael Alzola]

Esquela de Esperanza Mazotti viuda de Navarro

Que falleció ayer después de recibir los auxilios espirituales.

Sus desconsolados hijos, Fernando, Enrique, Mercedes, Alejandro, Carmen (Ausente), Esperanza, Jesús.

Hijos políticos Rafael Masanet, Carlos Lahoz (Ausente), Carmen Miñón, Marcela Alzola y Rafael Alzola (ausente), nietos, hermanos políticos y demás familia,

SUPLICAN a sus amistades y personas piadosas asistan a la conducción de su cadáver, que tendrá lugar hoy, desde la casa mortuoria, Tomas Miller, número 7, a las CINCO Y MEDIA de la tarde, al Cementerio de esta Ciudad, favor que agradecerán profundamente.

03/05/1937 *Diario de Las Palmas* — Página: 3

DON RAFAEL ALZOLA APOLINARIO

El sábado dejó de existir en el Puerto de la Luz, donde residía, después le recibir los Santo Sacramentos, rodeado de sus hijos el que en vida se llamó don Rafael Alzola Apolinario, persona estimada y querida en el Puerto de La Luz y en esta capital.

D. Rafael fue uno de los primeros empleados de la antigua casa consignataria de The Grand Canary Coaling Company, que era agente primero Mr. Doolry y últimamente el Sr. Seddon, siendo jubilado después de haber prestado muchos años de servicio.

El Sr. Alzola Apolinario desempeñó el cargo de Juez y Fiscal municipal en el Puerto, y su muerte ha sido muy sentida, como así fue una prueba la conducción de sus restos al cementerio de esta capital, efectuado en la tarde de ayer, que se vio concurridísimo.

Con tan triste motivo, damos nuestro pésame más sentido a todos sus familiares, entre los cuales se encuentran amigos nuestros, y en especial a sus hijos, hijos políticos y su hermano don Lucas Alzola Apolinario.

06/10/1937 *Falange*: diario de la tarde — Página: 7

Necrológicos

En el Puerto de la Luz dejó de existir en el día de ayer a los 75 años de edad el señor don Lucas Alzola Apolinario, persona que gozaba de generales simpatías por su caballerosidad y hombría de bien.

El acto de conducir su cadáver al Cementerio se verificó a las doce del día de hoy, y fue una manifestación sentida de duelo, prueba del aprecio que en vida gozó el finado. A sus sobrinos, primos y demás familia hacemos expresión de nuestra condolencia.

—La actuación profesional

23/09/1895 B*oletín oficial de Canarias* — Página: 4

COMANDANCIA MILITAR DE MARINA de Las Palmas

Convocado, entre otros los hermanos Rafael y Lucas Alzola Apolinario, hijos de Lucas y Marcela.

13/01/1903 *Cronista de Tenerife*: diario de intereses generales, noticias y anuncios — Página: 2

En Junta general celebrada el sábado último por la sociedad de socorros mutuos de Las Palmas, La Previsora, se eligió Presidente a Don Lucas Alzola Apolinario y secretario Don Alberto Hernández Calimano.

27/09/1909 *Diario de Las Palmas* — Página: 2

Don Lucas Alzola Apolinario, en concepto de gerente de la Sociedad Fomento de Gran Canaria, á V. E. con la debida consideración, expone: Que el Consejo administrativo de esta Compañía en su última sesión acordó proponer a V. E. un medio fácil de realizar con rapidez la construcción de la plaza de mercado en el Puerto de La Luz que el Ayuntamiento se propone edificar; y en cumplimiento del acuerdo se dirige a V. E. el Gerente que suscribo.

08/07/1930 *La Provincia*: diario de la mañana — Página: 5

La Previsora de Trabajadores de Las Palmas

CONCURSO

Habiendo modificado la junta general de esta Sociedad las condiciones económicas que rigieron en los concursos celebrados para construir un tercer piso en la casa número 12 de la calle de Alfonso XIII propiedad de la misma, para que los mismos concursantes y los de más que lo deseen, presenten otras ofertas con arreglo a las nuevas condiciones al efecto señaladas. En la Secretaría de la propia sociedad (planta baja de la misma casa) se facilitarán todos los días hábiles, de tres a cinco de la tarde, los informes que se interesen con tal motivo.

Las Palmas 21 de junio de 1930. El presidente Lucas Alzola Apolinario.

20/08/1920 *Diario de Las Palmas* — Página: 2

[Como directivo de la compañía]

Water and Power Company Lmtd.

Consejo local de Administración Lucas Alzola.

Las Palmas, Agosto 19 de 1920.

18/03/1921 *Diario de Las Palmas* — Página: 3

Cámara Oficial de Comercio, Industria y navegación de Las Palmas de Gran Canaria

SECRETARIA

Por el mismo Grupo y categoría de Menores Contribuyentes, D. Eduardo Azofra del Campo.

Por el Grupo de Industria y Categoría de Fabricantes, don Juan Gómez y Apolinario. Y por el Grupo de Navegación y Categoría de Menores Contribuyentes, Don Lucas Alzola Apolinario.

09/02/1932 *La Provincia*: diario de la mañana — Página: 11

HACE VEINTE AÑOS (De LA PROVINCIA, de 9 febrero de 1912.) Se ha firmado la autorización para que esto municipio pueda ceder al concesionario del proyecto de abastecimientos de agua a la población, la explotación de la fuente de los Morales. Don Lucas Alzola Apolinario ha constituido la fianza de 250.000 pesetas para la adjudicación del abastecimiento de aguas.

23/04/1935 *Diario de Las Palmas* — Página: 1

La obra social de La Previsora de Trabajadores

Hállase la Previsora de Trabajadores instalada en casa propia y puede decirse que su administración, modelo de orden, seriedad y perseverancia. A su frente ha envejecido don Lucas Alzola Apolinario, que lleva en la presidencia muchos años sin interrupción.

Los datos aportados ponen de relieve los beneficios otorgados. En socorrer a socios enfermos invirtieron 43.234,00 pesetas y por concepto de su pervivencia y entierro 4.025.00. En total 47.259,00 pesetas distribuidas entre 251 enfermos, 46 crónicos y 22 fallecidos.

La Previsora de Trabajadores pueda desenvolver prósperamente sus actividades e iniciativas, mejorando los servicios existentes y creando otros nuevos, como la proyectada Clínica-Sanatorio.

El proyecto de creación de la Clínica-Sanatorio no debe malograrse y para ello es indispensable contar con la generosa aportación de las clases pudientes y de las corporaciones legales, interviniendo asimismo nuestros representantes parlamentarios para recabar un auxilio del Estado.

08/07/1932 *Diario de Las Palmas* — Página: 1

"La Previsora" y los beneficios de socorro mutuo

Gracias a la acertada gestión de sus elementos directivos, con su presidente a la cabeza, don Lucas Alzola, "La Previsora" Llegue al presente una vida holgada y puede cumplir sus fines y adoptar iniciativas en provecho de sus asociados.

Por recíprocas conveniencias, "La Previsora" y la "Asociación de Trabajadores" se fusionaron en 1923, constituyendo la más importante Sociedad de su clase en Las Palmas, con un buen edificio propio y un nutrido censo de socios.

"La Previsora de Trabajadores" da cuenta a sus socios de que han terminado las obras de ampliación del inmueble de su propiedad, en cuya reforma se invirtieron 21.962,70 pesetas, destinando también otras cantidades a mejoras intensivas del propio edificio, el cual renta en la actualidad 10.500 pesetas anuales.

"La Previsora de Trabajadores" hace un llamamiento que nosotros queremos recoger para trasmitírselo al público. Necesita más socios, jóvenes y sanos y entusiastas por el engrandecimiento de la Sociedad. Juzgamos conveniente toda campaña en ese sentido. "La Previsora" radica en una población de 80.000 habitantes y solamente tiene 1.765 socios. Son pocos y hay que multiplicar el número, no sólo para robustecer su vida económica, sino para que pueda acometer amplios planes que tiene en estudio en bien de la colectividad.

—La actuación política

04/09/1905 *Boletín oficial de Canarias* — Página: 3

Lucas Alzola Apolinario, elegido para tribunal de capacidades.

04/01/1906 *La Opinión*: periódico liberal-conservador — Página: 2

En la Asamblea verificada por el Partido Republicano Federal, fue elegido el siguiente Comité municipal:

Entre los vocales: Lucas Alzola Apolinario.

26/04/1909 *El Progreso*: diario republicano — Página: 1

Y los candidatos republicanos: don Lucas Alzola Apolinario, D. Rafael Almeida y Mateo, D. José Gil Pineda y D. Ramón Chesa.

10/05/1909 *Boletín oficial de Canarias* — Página: 2

Distrito p° 2 —.Teatro

Lucas Alzola Apolinario.... 240 votos

13/12/1909 *Diario de Las Palmas* — Página:1

Lucas Alzola Apolinario (republicano).....185 votos (por el distrito de Teatro)

—La actuación social

26/12/1905 *El Tiempo*: diario de asuntos generales e información, defensor de los intereses del país — Página: 2

El Círculo Mercantil de Las Palmas ha elegido para el año próximo la siguiente Junta directiva: Presidente, D. Lucas Alzola Apolinario. Vicepresidentes, D. Manuel C. Quintana y D. Matías Reina Lorenzo. Secretarios, D. Andrés Rivera Pérez y D. Luis García Pérez. Tesorero, D. Severo de la Fe y Cruz. Contador, D. George Lento. Bibliotecario, D. Esteban Hernández Báez. Presidentes de recreo, D. Felipe A. del Toro y D. Luis Bonilla. Vocales, D. Francisco Herrera Artiles, D. Juan R. Álvarez, D Gerónimo Peñate y D. Prudencio Miranda.

05/03/1908 *La Opinión*: periódico liberal-conservador — Página: 2

Instituto de Reformas Sociales

El día 8 del actual, en las Casos Consistoriales y con la presidencia del Alcalde, se procederá a la elección de los vocales propietarios y suplentes que formarán parte del

Instituto de Reformas Sociales.

D. Lucas Alzola Apolinario, por el Círculo mercantil de Las Palmas; D. Esteban Briganty, por la Sociedad La Previsora de Las Palmas;

01/05/1916 *La Opinión:* periódico liberal-conservador — Página: 2

Después de admirar en los dos conciertos a la gentil tinerfeña Matilde Martín, tengo gran satisfacción en felicitarles por contar con artista de tan brillante porvenir que Vdes. pueden enorgullecerse de haber sido iniciadores de su carrera artística. Presidente accidental Fomento y Turismo. — Lucas Alzola Apolinario

28/07/1920 *Diario de Las Palmas* — Página: 1

En una comisión de la R. S. Económica de A. del País para estudiar el ensanchamiento del Puerto.

07/12/1920 *La Provincia*: diario de la mañana — Página: 1

Como miembros de Fomento y Turismo

Las Palmas 4 de Diciembre de 1920. – Carlos Navarro Ruiz – Lucas Alzola Apolinario – Rafael Hernández Suárez – Manuel Campos Padrón – Emilio Romero.

05/05/1928 *Gaceta de Tenerife*: diario católico de información — Página: 2

De la Cruz Roja Española.

La Asamblea Local de la Cruz Roja Española en Las Palmas, ha elegido la siguiente Junta de gobierno: Presidenta de honor, Excma. señora doña Manuela Gracia de Ley;

presidente-delegado, señor don Lucas Alzola Apolinario; primera vicepresidenta, Excma. señora doña Rosa Márquez de Morales;

12/01/1929 *Gaceta de Tenerife*: diario católico de información — Página: 1

Asociación de Propietarios de Inmuebles

En Junta general ordinaria celebrada por la Asociación de Propietarios de Inmuebles del Puerto de La Luz, ha sido elegida la siguiente Junta directiva para el año actual: Presidente, don Manuel Bautista Aguiar; vicepresidente, don Lucas Alzola Apolinario; secretario, don Julián Torón Navarro; tesorero, don Francisco Gil Moreno: contador, don Daniel Artiles Pérez; vicesecretario, don Esteban Pérez;

19/11/1930 *Diario de Las Palmas* — Página: 2
19/11/1930 *La Provincia: diario de la mañana* — Página: 3

En la Cruz Roja

En la última reunión de la Junta de Gobierno de esta Asamblea local, se hizo entrega a los competentes médicos señores don Agustín Median Cabrera y don Juan Guerra del Río, sendos diplomas de la Medalla de plata de la Cruz Roja Española, que recientemente les confirió la Asamblea Suprema, como primera recompensa a la puntualidad y desvelo con que, sin interés alguno, atienden los dispensarios abiertos en esta capital por la humanitaria institución.

El doctor Melián tiene a su cargo el dispensario de pulmones y corazón, y el doctor Guerra del Río el de enfermedades de la mujer y de los niños. Ambos han desarrollado una labor ímproba atendiendo multitud de casos de su especialidad, y al mismo tiempo favoreciendo a los necesitados que se amparan en su ciencia. En el acto de la entrega, el presidente-delegado de esta Asamblea, don Lucas Alzola Apolinario, les exhortó a perseverar en el camino emprendido.

Nuestra felicitación a los recompensados y a la Cruz Roja por la eficiencia de sus dispensarios.

*

DR. BARTOLOMÉ APOLINARIO MACÍAS, datos relacionados con:

—El entorno familiar

25/10/1897 *Boletín oficial de Canarias* — Página: 3

[Autorización municipal]

A D. Francisco Hernández para una casa de planta baja en la ladera del mismo nombre, y a D. Bartolomé Apolinario para ampliar las obras de distribución interior de su casa plaza de San Francisco...

07/06/1909 *Diario de Las Palmas* — Página: 3

[Entre otros muchos niños y niñas, aquí se señalan los cuatro hijos del Dr. Apolinario]

Hospital de niños.

Suscripción anual

Niña María Apolinario Navarro 5 ptas.

Niño Bartolomé Apolinario Navarro 5 ptas.

Niño Juan Francisco Apolinario Navarro 5 ptas.

Niña Carmen Apolinario Navarro 5 ptas.

24/10/1914 *La Provincia*: diario de la mañana — Página: 2

Don Bartolomé Apolinario y Macías ha presentado instancia al Ayuntamiento solicitando autorización para construir habitaciones en su casa, en las Canteras.

09/05/1917 *El Imparcial*: diario independiente de la capital de Canarias — Página: 2

Se encuentra enfermo el doctor don Bartolomé Apolinario.

15/05/1917 *El Imparcial*: diario independiente de la capital de Canarias — Página: 2

Se encuentra en el período de convalecencia de la enfermedad que ha padecido, el doctor don Bartolomé Apolinario.

30/01/1923 *Diario de Las Palmas* — Página: 2

En esta ciudad ha dejado existir la respetable Sra. Dª Mª de la Torre Doreste, viuda de D. Nicolás Navarro y Sortino. Fue fundadora de nuestra Filarmónica, y era socia de mérito del Gabinete Literario. En otros tiempos tomó parte activa en fiestas de cultura aquí celebradas, y en actos de caridad. Fue en vida un modelo de madre, de esposa y de amiga y su muerte ha producido gran sentimiento entre todas sus muchas amistades.

A la conducción de su cadáver asistió numerosa concurrencia. Enviamos el más sentido pésame a toda su apreciable familia y en particular a su hijo e hijo político, nuestros queridos amigos D. Bernardo Navarro de la Torre y el Dr. D. Bartolomé Apolinario.

04/07/1923 *Diario de Las Palmas* — Página: 2

D. Bartolomé Apolinario Macías, solicita autorización para construir un pozo negro sistema Bezault, para los desagües de una casa de su propiedad sita en la calle de Sagasta del Puerto de La Luz, donde se carece aún de cloaca.

10/11/1925 *Diario de Las Palmas* — Página: 2

D. Bartolomé Apolinario Macías, presenta planos para construir un segundo piso en su casa «Asilo de San José», del Puerto de La Luz.

17/11/1925 *La Provincia*: diario de la mañana — Página: 3

El suceso de domingo.

Anciano muerto por un automóvil.

Próximamente a las diez de la mañana del domingo ocurrió en la carretera del Puerto un accidente automovilista que costó la vida a un anciano.

A la hora indicada y cerca de las Alcarabaneras fue alcanzado por el auto de don Bartolomé Apolinario, guiado por Antonio Domínguez Lezcano y ocupado por el peluquero don José Oropesa, el anciano Manuel Carreño, quien, en aquel momento intentó atravesar la carretera, siendo gravemente herido por el coche que luego lo condujo al Hospital Asilo de San José, del Puerto, donde le fue practicada la primera cura, aunque inútilmente, pues a las dos horas de hospitalizado falleció.

El conductor ingresó en la cárcel, dándose conocimiento del hecho al Juez de Instrucción, de Triana.

27/05/1928 *La Provincia*: diario de la mañana — Página: 3

En la Casa de Socorro del Puerto de la Luz fue asistido José Yabete, de 20 años de edad, sin domicilio reconocido, de conmoción cerebral y varias contusiones de pronóstico grave, que le ocasionó un individuo de nacionalidad marroquí llamado Ahomed, con ocasión de encontrarse trabajando el primero en la fábrica de don Bartolomé Apolinario, sita en la calle Sagasta.

El herido pasó en grave estado al Hospital de San Martin y el agresor ha sido detenido.

12/01/1929 *Diario de Las Palmas* — Página: 2

[Necrológica, la esquela fue publicada en la primera página]

Don Bartolomé Apolinario y Macías

Pocas veces hemos tomado la pluma con el dolor que experimentamos en estos momentos ante la inesperada noticia para nosotros, del fallecimiento del que en vida fue amigo nuestro muy querido, don Bartolomé Apolinario y Macías.

Rinde su tributo a la muerte un hombre todo bondad, un caballero de cuerpo entero que hizo un culto de la amistad; un médico de gran inteligencia que tanto bien prodigó a la Humanidad prestándole constantemente grandes servicios, y muy particularmente a la clase obrera.

Al doctor Apolinario no se le ha hecho la justicia que él merecía, y no entra en nuestro propósito señalar las causas; pero hay que reconocer los grandes y sobresalientes méritos que le adornaban y sus afanes y desvelos por ser útil a todo el mundo, y muy en particular al enfermo desvalido.

Estudió su carrera de Medicina en Montpellier, donde dejó nombre como estudiante aprovechado, dedicándose a especialidades que cultivó aquí, al llegar a su país para establecerse en él.

Era un hombre en medio de su gran modestia, de singular cultura. Entendido en varios ramos del saber, pues se hallaba al tanto de todo lo que pasaba en el mundo, especialmente en el orden científico, y era también una autoridad en Botánica.

Con sus propios recursos, invirtiendo un capital de sus antecesores y por él ganado, el doctor Apolinario, haciéndose cargo de las necesidades del barrio de La Luz y vaticinando su gran importancia a la sombra de las obras del puerto, barrio que, a pesar de que gran parte estaba formado por familias de obreros hace muchos años, y donde no existía ni siquiera una modesta Casa de Socorro para atender a un herido o para remediar un accidente, fundó, sin el auxilio de nadie, el Asilo de San José, y más tarde, en edificio propio, el Hospital de este mismo nombre en el cual recientemente se han hecho obras importantísimas, viniendo a llenar este establecimiento una gran necesidad en el barrio de La Luz. ¿Quién puede negar este hecho y este gran beneficio? Este pueblo que tiene corazón y sentimientos sabrá hacer justicia, toda la que él merece, a la memoria del doctor Apolinario, que consagró por entero su existencia al amor de su familia, al culto que rendía a la amistad, pues fue un ejemplo de amigo sincero, y al servicio de la humanidad doliente de lo cual se preocupaba constantemente.

Fue consejero de este Cabildo Insular, teniente de alcalde y alcalde accidental de este Ayuntamiento, y desde esos cargos prestó también muchos servicios a la isla, con sus iniciativas en materia de beneficencia, y a Las Palmas en el desempeño de la Alcaldía.

En el alma sentimos la desaparición del amigo inolvidable, y al enviar a toda su distinguida familia la expresión de nuestro dolor, en especial a su viuda y a sus hijos don Bartolomé y don Juan Francisco Apolinario y Navarro, hacemos votos por el descanso eterno del alma de quien tanto bien hizo en la tierra.

14/01/1929 *Diario de Las Palmas* — Página: 2

El entierro del doctor Apolinario

En la mañana de ayer, a las 10 y media, tuvo lugar la conducción del cadáver, desde su casa de la playa de las Canteras, al cementerio de esta población, del doctor don Bartolomé Apolinario y Macías, persona tan estimada en esta ciudad por sus bellas prendas personales, y por los servicios de todos órdenes que prestó, especialmente profesionales, a cuantos de él lo demandaron.

El Cuerpo Médico y Farmacéutico y numerosas personas de todas clases sociales, acudieron en la mañana de ayer a testimoniar su sentimiento a la familia del doctor Apolinario, comentándose por todos lo inesperado de su fallecimiento, pues horas antes conversaba tranquilamente con sus familiares, y el vacío que su ausencia eterna deja entre los suyos, y en la Dirección del establecimiento benéfico que él fundó, con sus propios recursos, en el barrio de La Luz, el Hospital de San José y dentro de éste el Hospital de niños pobres, que tantos enfermitos ha arrancado a la muerte. A muchos de estos niños vimos ayer en la galería del pabellón que mira al mar, donde pasan varias horas diariamente, con las lágrimas en los ojos, señal del dolor que en aquellas criaturas también producía la muerte de su protector, del iniciador de aquella hermosa obra de caridad que nunca será bastante encomiada.

Unos setenta u ochenta automóviles, con amigos suyos y de su familia, acompañaron su cadáver, depositado en una carroza fúnebre, hasta la placetilla de los Reyes, llegando otros hasta el cementerio. El responso se dijo frente a los jardines de Santa Catalina del Puerto.

Fue una verdadera manifestación de duelo en homenaje al amigo consecuente y bondadoso, y al médico distinguido y patriota que tanto bien hizo a los necesitados y a su pueblo natal. Reiteramos a toda su familia, entre la cual tantos amigos tenemos, en particular a su viuda y a sus hijos, nuestro pésame más sentido.

14/01/1929 *El Progreso*: diario republicano — Página: 1

En Las Palmas ha falleció el médico don Bartolomé Apolinario y Macías, persona prestigiosa y a quien se deben muchas mejoras.

15/01/1929 *Hespérides*: artes, ciencias, literatura y deportes — Página: 7

En esta población ha fallecido el doctor don Bartolomé Apolinario Macías.

El fallecimiento del señor Apolinario ha sido muy sentido en todos los pueblos de Gran Canaria por tratarse de una de las personalidades de más destacado relieve de la pasada generación.

Durante su vida, dedicada con entusiasmo al mejoramiento de la isla, desempeñó cargos importantísimos dentro de los organismos municipales e insulares distinguiéndose siempre por el acierto con que cumplió en todas sus actuaciones.

Una obra importantísima, cuya fundación se debe al señor Apolinario, es la de un Asilo en el Puerto de la Luz, a la que dedicó especialmente su cariño y sus energías.

18/01/1929 *Diario de avisos* — Página: 2

En Las Palmas falleció el médico don Bartolomé Apolinario y Macías, persona prestigiosa, en aquella localidad.

25/01/1929 *Diario de Las Palmas* — Página: 2
25/01/1929 *La Provincia: diario de la mañana* — Página: 3

[Extracto de la nota necrológica leída en al Ayuntamiento]

El doctor Apolinario sirvió la causa justa y santa de los pobres, para cuyas atenciones fundó el Asilo-Hospital de San José, donde tanto bien se hace a los niños desvalidos.

29/07/1933 *Diario de Las Palmas* — Página: 2
30/07/1933 *La Provincia:* diario de la mañana — Página: 5
07/08/1933 *Diario de Las Palmas* — Página: 2

En este día se publica la esquela de Carmen Apolinario Macías.

29/07/1933 *Diario de Las Palmas* — Página: 3

Doña María del Carmen Apolinario Macías

VIUDA DE GÓMEZ

Hoy ha dejado de existir en esta población confortada con los auxilios espirituales y rodeada de sus hijos y familiares la que en vida fue distinguida dama, la respetable señora doña María del Carmen Apolinario Macías, viuda del que fue importante comerciante de esta plaza don Antonio Gómez.

La virtuosa dama que acaba de entregar su alma a Dios, era apreciada y querida en esta capital, por su bondad y hermosas prendas personas; madre cariñosa, atenta a la consagración del bienestar y educación de sus hijos.

Mañana domingo y a las once de la mañana tendrá lugar la conducción de sus restos mortales al Cementerio de esta Ciudad.

Acompañamos en su dolor a todos sus familiares, entre los cuales se encuentran amigos queridos nuestros y especialmente a su hijo don Juan, Tito y Francisco Gómez Apolinario.

—La actuación profesional

07/12/1881 *El Museo Canario* — Página: 31

Y no habré de soltar hoy la pluma sin hacer honrosa y digna mención de uno de nuestros más distinguidos consocios, el Dr. D. Bartolomé Apolinario y Macías, antiguo cirujano de interno de los hospitales de Montpelier y del laboratorio de clínica de la facultad de medicina, que ha sido nombrado últimamente Director del nuevo Instituto ortopédico de Pía (Pirineos Orientales)...

26/09/1891 *Diario de Tenerife*: periódico de intereses generales, noticias y anuncios — Página: 2

Nombrar por mayoría interinamente Médico sustituto en el Hospital de San Lázaro de Las Palmas, a D. Bartolomé Apolinario y Macías.

Se levantó la sesión.

16/12/1893 *Diario de Las Palmas* — Página: 2

De acuerdo con proposición razonada suscrita por varios Sres. Concejales, exponiendo la evidente conveniencia y notoria necesidad de confiar a la dirección y administración del servicio de desinfecciones para combatir las enfermedades contagiosas, a persona idónea que lo complete y sostenga, se acordó nombrar para el mencionado cargo al organizador del referido servicio Dr. D. Bartolomé Apolinario, en quien concurren especiales aptitudes y ha venido hace tiempo prestando gratuitamente distinguidos servicios en tan importante ramo.

22/12/1894 *Diario de Las Palmas* — Página: 2

CRUZADA CONTRA LA DIFTERIA

Como nuestros lectores tienen ya conocimiento de los trabajos realizados en esta población con el objeto de obtener el suero antidiftérico del Doctor Koux, y saben también que nuestro amigo el Dr. Apolinario inició una suscripción para adquirirlo...

11/01/1897 *Diario de Las Palmas* — Página: 1

Comisión provincial de la Cruz Roja, cuya constitución tuvo lugar el sábado último en la forma siguiente: Presidente. – El Ilmo. y Rmo. señor Obispo de la Diócesis. – Primer Vicepresidente. – D. Fernando Delgado y Morales. – Segundo Vice-presidente. – D. José Díaz y Falcón. – Tercer Vice-presidente. – D. Miguel Navarro y Sortino. – Contador. – D. Diego Mesa de León. – Tesorero. – D. Tomás Sintes y Llabrés. – Secretario. – D. Fernando Inglott y Navarro. – Vicesecretario. – D. Antonio de Mesa y López. – Director de almacén. – D. Bartolomé Apolinario. – Delegado de la asamblea. – D. Ramón Madan y Uriondo. – Vice-delegado. – D. Rafael Massieu y Falcón. – Inspector de la provincia. – D. Fernando del Castillo y Manrique de Lara.

20/12/1897 *Diario de Las Palmas* — Página: 1

Una visita al Asilo de San José

Atentamente invitados por nuestro estimado amigo el Dr. D. Bartolomé Apolinario, tuvimos el gusto de visitar ayer, en unión de otros amigos particulares y de algunos compañeros de profesión, el Asilo de San José del Puerto de La Luz, a cargo de la dignísima superiora Sor. Benita...

La tarde fresca, despejada y hermosa, convidaba a prolongar el paseo en el puerto de La Luz, dirigiéndonos al sitio conocido por Guanarteme donde nuestro distinguido amigo D. Antonio Gómez, que recibió a todos con la cordialidad y afecto que le son característicos, ha levantado una bonita casa de recreo y ha hecho una preciosa finca de terrenos antes incultos.

La tarde se pasó allí agradablemente, siendo obsequiados los visitantes, por el Sr. Gómez, con pastas y cerveza. Mil gracias a todos, y en particular al Dr. Apolinario, por la invitación que se sirvió hacernos.

05/04/1898 *Diario de Las Palmas* — Página: 1

Lo es por muchos conceptos el que han tomado los señores médicos de esta localidad, ofreciendo sus valiosos servicios a nuestra autoridad militar para la asistencia gratuita a las tropas que vienen a guarnecer esta plaza, caso de que necesiten de los auxilios de la ciencia y no se disponga del personal facultativo suficiente...

Dios guarde á V. E. muchos años. – Las Palmas, Abril 3 de 1898. – Gregorio Chil; Vicente Ruano; Casimiro Cabrera; Federico León; Ventura Ramírez; Luis Millares; José Champsaur; Carlos Navarro; Antonio Jiménez; Bartolomé Apolinario; Isidro Quevedo.

18/08/1899 *Unión conservadora* — Página: 3

Y, para formar parte de la Junta de prisiones, ha sido reelegido vocal el doctor en Medicina y Cirugía D. Bartolomé Apolinario...

18/09/1899 *Diario de Las Palmas* — Página: 1

Si, por desgracia, nuestros temores se realizaran, el Cuerpo médico de Las Palmas sabrá cumplir con sus deberes profesionales.

Las Palmas, Septiembre 17 de 1899. – Gregorio Chil. – Andrés Navarro. – Antonio Jiménez. – Vicente Ruano. – Francisco Martín. – Federico León. – José Champsaur. – Luis Millares. – Sebastián Petit. – Bartolomé Apolinario. – Casimiro Cabrera. – Ventura Ramírez. – Juan León Quintana. – Carlos Navarro. – Isidro Quevedo. – Andrés Alvarado.

23/02/1900 *Boletín oficial de Canarias* — Página: 2

[Entre otros, Bartolomé Apolinario]

Relación de los Sres. Médicos residentes en esta provincia que reúnen las condiciones fijadas en el art 3º de los Estatutos de 12 de Abril de 1898, con especificación de los cargos para que tienen aptitud, PARA PRESIDENTE...

29/10/1900 *Unión conservadora* — Página: 4

En Las Palmas ha quedado reorganizada la Comisión provincial de la Cruz Roja, bajo la presidencia de honor del Excelentísimo Sr. Obispo de la Diócesis, y la efectiva del Doctor D. Bartolomé Apolinario y Delegado del Gobierno en la vecina isla.

05/07/1901 *Diario de Las Palmas* — Página: 2

Ayer terminaron las elecciones para la constitución de una nueva Junta de gobierno del Colegio médico de Las Palmas.

[Ninguno de nombre o apellido Lucas]

30/09/1901 *Unión conservadora* — Página: 3

La Asamblea Suprema de La Cruz Roja Española, conformándose con el dictamen emitido por la Comisión de Recompensas y el parecer de la Ejecutiva, se ha dignado, en junta celebrada el 14 del corriente mes, otorgar la Gran Placa de honor y Mérito, creada en 20 de Junio de 1846, a nuestro estimado y particular amigo el Dr. D. Bartolomé Apolinario presidente de la Comisión de La Cruz Roja en Las Palmas. Sea enhorabuena.

04/11/1901 *Diario de Las Palmas* — Página: 2

[Se confirma que B. Apolinario ejercía de medico auxiliar del Dr. Cabrera]

Y el interés que por mí se tomó el Dr. Cabrera; el acierto y la maestría con que practicó aquellas operaciones, auxiliado en la segunda por su ilustrado compañero y director de aquel establecimiento Dr. D. Bartolomé Apolinario.

14/06/1902 *Unión conservadora* — Página: 2

El Sr. D. Bartolomé Apolinario, Presidente de la Comisión central en Las Palmas de La Cruz Roja, ha sido condecorado con la gran Placa de honor y mérito de dicha benéfica institución, la que le ha sido concedida por la Asamblea Suprema.

23/12/1903 *Diario de Las Palmas* — Página: 2

[Institución en la que participan Lucas Alzola y Bartolomé Apolinario]

La sociedad La Previsora ha nombrado su junta Directiva para el año próximo en esta forma: Presidente, D. Lucas

Alzola y Apolinario; Vice-Presidente, D. Severo de la Fe y Cruz; Secretario, D. Domingo Hernández Sánchez; Vice-Secretario, D. José Suárez Falcón; Tesorero, don Juan López Brito; Contador, D. Francisco Peñate: Revisores de cuentas, don Isidro Brito y D. Juan Bordes Claverie; Vocales, D. Bartolomé Apolinario, don Federico León, D. Benigno Pérez, don Manuel Cárdenes, D. José Castellano y D. Antonio Rodríguez.

17/10/1906 *Boletín oficial de Canarias* — Página: 3

Administración de Hacienda de Canarias

Patentes para Médicos titulares Año 1906

[En este listado aparecen 73 médicos de toda la provincia única, ninguno lleva el nombre o apellido de Lucas. Los médicos de apellido extranjero son: Federico Harrison Tebly, Juan Charles Taylor, Jacobo Herming Baxter (estos tres en Las Palmas de G. C.), Pascual Richard (Ingenio). Otros de apellidos extranjeros eran españoles de tercera o cuarta generación].

17/08/1907 *Diario de Las Palmas* — Página: 2

[Se confirma que B. Apolinario ejercía de medico auxiliar del Dr. Cabrera]

El martes pasado se practicó en el Sanatorio de San José del puerto de la Luz, que dirige el doctor den Bartolomé Apolinario, la arriesgadísima operación cesárea en la joven señora doña Milagros Gallardo de Ponce.

Hizo la operación el doctor don Rafael González asistido de los médicos Sres. Quevedo, Agustín Miliares, Apolinario y Valle. El éxito fue completo, logrando salvarse la joven paciente cuyo estado continúa siendo satisfactorio lo mismo que el de la cría. Les felicitamos.

14/12/1908 *La Opinión*: periódico liberal-conservador — Página: 1

Copiamos de un periódico de Las Palmas: En la Casa Asilo del Hospital da San José del Puerto de La Luz, y por iniciativa de los médicos señores don Rafael González Hernández, don Bartolomé Apolinario, don Bernardino Valle, don Antonio Roca, se establecerá muy en breve un Hospital de niños pobres, servido gratuitamente por todos los facultativos.

17/08/1911 *La Provincia*: diario de la mañana — Página: 1

Nuestro aplauso a los distinguidos médicos Don Bartolomé Apolinario y D. Benardino Valle, por los solícitos cuidados que pusieron en la curación del envenenamiento del niño Manuel Herrera Santana, con el que trabajaron durante más de dos horas para poderle extraer, por medio de las sondas esofagianas, las substancias nocivas que momentos antes había tomado.

17/02/1914 *La Provincia:* diario de la mañana — Página: 2

Casa Asilo de San José. En el Puerto de la Luz

El fundador y director de esta casa benéfica Dr. Don Bartolomé Apolinario al dirigirse al Alcalde de esta ciudad su acostumbrada comunicación, extensiva a la prensa local, en la cual se detallan los servicios prestados en el próximo pasado año que ascienden a 3.757.

Acompaña, además, los justificantes que acreditan el empleo de la subvención municipal.

A continuación, hace resaltar el Dr. Apolinario con datos elocuentes los servicios que a la infancia presta el Asilo, atendidos por una junta de damas.

Este servicio, es el único establecido en Las Palmas, en inmejorables condiciones como lo han reconocido los profesionales extranjeros que han visitado aquellas salas y galerías a orillas del mar.

Veinte y tres años hace que el Dr. Apolinario dio comienzo a esta obra, de la que, muy especialmente, se beneficia la clase obrera.

En ese tiempo jamás ha faltado al Municipio el estado anual de los servicios y los justificantes del empleo de la subvención.

La «Casa-Asilo» dice el Dr. Apolinario, «pertenece al pueblo, puesto que la cláusula sexta de la escritura de donación prohíbe que el edificio se dedique a otro fin que al de su misión: Servir de Hospital para la asistencia y auxilio del obrero y de su familia en los accidentes del trabajo y enfermedades que sufra».

Nosotros esperamos el folleto que anuncia el Dr. Apolinario haciendo historia del Asilo y publicando integra las escrituras de donación.

13/02/1918 *Boletín oficial de Canarias* — Página: 1

Administración de Contribuciones de Las Palmas (Canarias)

Relación de los Médicos cirujanos que se han provisto de Patente para el ejercicio de 1918: [Ninguno con nombre o apellido Lucas. No figura ninguno médico extranjero]

Don Bartolomé Apolinario. Las Palmas. Cuota, 75 pesetas. Clase de Patente, sexta.

16/08/1919 *La Provincia*: diario de la mañana — Página: 1

Conducido el agredido al Hospital de San José le fue practicada la primera cura por los Dres. Apolinario y Valle quienes le apreciaron una herida penetrante en la región infraescapular izquierda en el 7° espacio intercostal siendo trasladado luego al Hospital de S. Martin en grave estado por la ambulancia de la Cruz Roja.

—La actuación laboral ajena a la medicina

22/10/1890 *Boletín oficial de Canarias* — Página: 4

Instituto de 2ª enseñanza de Canarias COLEGIO DE SAN AGUSTIN DE LAS PALMAS CURSO ACADÉMICO DE 1890 a 1890.

Cuadro de profesores que en el presente curso académico, han de dar la enseñanza en el expresado Colegio: [Entre otros profesores]

Historia Natural.... D. Bartolomé Apolinario.... Doctor en Medicina.

03/10/1894 *Diario de Las Palmas* — Página: 2

La Dirección general de Instrucción pública acaba de conceder a petición del Director de nuestra Escuela Normal de Maestros, la creación de las clases de música y canto; Gimnástica higiénica y Legislación de primera enseñanza, para los alumnos de dicho establecimiento, habiendo sido nombrados para desempeñarlas gratuitamente los Sres. D. José Pérez, Beneficiado: organista de la Santa Iglesia Catedral, Dr. D. Bartolomé Apolinario y el referido Director respectivamente.

08/05/1896 *Diario de Las Palmas* — Página: 2

EXPOSICIÓN ESCOLAR PREMIOS OBTENIDOS

Medalla de plata a la Escuela de párvulos del Puerto de La

Luz, por el mobiliario escolar construido bajo la dirección del Dr. D. Bartolomé Apolinario.

20/11/1899 *Unión conservadora* — Página: 4

La nueva Junta local de 1ª enseñanza de Las Palmas, ha quedado constituida por los Sres. Alcalde de aquella ciudad, D. Fernando Inglott, D. Juan Guerra, D. Rafael Lorenzo García, D. Urbano Cabrera, D. Rafael Massieu, D. Domingo de Quintana, D. Bartolomé Apolinario, D. Miguel Báez, D. Agustín Millares y D. José Franchy.

—La actuación política

07/09/1891 *Boletín oficial de Canarias* — Página: 3

[Se obvian numerosas citas a su puesto y actividad de concejal municipal y de consejero de cabildo por considerar que no es relevante en este libro]

AYUNTAMIENTO DE LAS PALMAS

Extracto de acuerdos MES DE JULIO DE 1891 Sesión inaugural de 1° de Julio de 1891. Presidencia del Sr. Alcalde D. Fernando Delgado Morales, asistiendo los Sres. Concejales, Manrique (D. Francisco). Mesa, Pérez Cabral, Apolinario, Manrique Casabuena, Pérez Navarro, Medina, Bello, Melián y Manrique Ponte...

Concejales recientemente elegidos, los cuales en unión de los que continúan y se hallan presentes, D. Francisco Manrique de Lara, Don Ildefonso Medina Santana, D. José Melián Marrero. D. Diego Mesa de León. D. Diego Manrique de Lara, D. Bartolomé Apolinario Macías, Don Juan Manrique de Lara y Ponte y los que no han podido asistir Don Domingo González Santana y D.

Laureano de Armas Ramos forman el total de veinte y tres Concejales...

03/12/1903 *Diario de Las Palmas* — Página: 2

La Junta encargada de los trabajos de reforma de la plaza del Ingeniero León y Castillo, ha acordado realizar en pública subasta y a la puja cien carretadas de piedra al tipo de dos pesetas el carro cargado siendo preferido el mejor postor, y en iguales condiciones, el que subaste mayor cantidad.

El acto tendrá lugar ante la propia junta en la casa-habitación del Señor Alcalde Don Bartolomé Apolinario sita en la plaza de San Francisco de esta ciudad a la una del día el domingo próximo, 6 del que cursa.

—La actuación social

11/12/1899 *Diario de Las Palmas* — Página: 2

La Real Sociedad Económica de Amigos del País de esta ciudad, en sesión reglamentaria celebrada el 10 del actual, tuvo a bien elegir para desempeñar los cargos de la Junta directiva a los señores siguientes: Director: D. Gregorio Chil y Naranjo. Vice Director, Dr. Sr. D. Bartolomé Apolinario y Macías...

07/06/1900 *El Museo Canario* — Página: 6

El agua en Las Palmas

[Conferencia firmada por Bartolomé Apolinario]

13/06/1900 *Diario de Las Palmas* — Página: 2

En Junta de accionistas de este puerto habilitado, celebrada ayer.

[Entre los miembros de la directiva está Bartolomé Apolinario]

03/08/1900 *Diario de Las Palmas* — Página: 2

La Comisión organizadora en Madrid del Congreso Social y Económico hispano-americano, ha nombrado la comisión provincial de Las Palmas en la siguiente forma:

[Entre los miembros de la directiva está Bartolomé Apolinario]

20/02/1901 *El Museo Canario* — Página: 12

DONATIVOS AL MUSEO CANARIO

Diciembre de 1900

Un pájaro de África, conocido aquí con el nombre vulgar de cardenal amarillo. Donado por D. Bartolomé Apolinario…

17/07/1902 *Unión conservadora* — Página: 3

Con motivo de las fiestas celebradas el Año Santo, la Comisión internacional de Roma ha concedido una medalla y diploma de honor al Alcalde accidental de Las Palmas, Sr. D. Bartolomé Apolinario.

11/11/1902 *Unión conservadora* — Página: 2

Ha sido nombrado Vice-cónsul de los Países Bajos en Las Palmas, D. Bartolomé Apolinario.

14/11/1903 *Diario de Las Palmas* — Página: 2

En la Exposición permanente de pinturas de la calle de General Bravo se exhibe un cuadro al óleo de S. Simón reproducción de la Virgen de los Dolores de Lujan Pérez, de la Catedral, y en el escaparate de los Sres. León y Cª tres notables cuadros al óleo de la distinguida artista Isabel González de Nanson y una caricatura del Alcalde de Las Palmas D. Bartolomé Apolinario obra del ingenioso pintor F. González

25/09/1907 *El Tiempo*: diario de asuntos generales e información, defensor de los intereses del país — Página: 2

Ha quedado constituida en Las Palmas una empresa que girará bajo la razón de "Pesquería canaria" de cuyo consejo es presidente don Bartolomé Apolinario.

El objeto de esta Sociedad es dedicarse a la fabricación de bacalao, y a todas las industrias que con las pesquerías se relacionen. Para tal fin, contará la Sociedad con los elementos necesarios para el desarrollo do dicha industria, aplicando los procedimientos modernos más conocidos.

28/09/1907 *El Progreso*: diario republicano — Página: 2

Sociedad importante.

Por escritura pública ha quedado constituida en Las Palmas una sociedad denominada "Pesquerías Canarias" para explotar la pesca en la vecina costa de África y exportar pescado en conserva.

Dicha compañía, que nos dicen está en relaciones con capitalistas catalanes, establecerá en Las Palmas el centro de tan importante industria.

El Consejo de administración lo forman D. Bartolomé Apolinario, D. Matías Reina y Lorenzo, D. Manuel Pérez Quevedo, D. Francisco Gourié, D. Lucas Alzola, D. Antonio Cuyas y D. Ignacio Cantero y la Comisión ejecutiva D. Bartolomé Apolinario, como presidente, D.

Francisco Gourié, Tesorero y D. Antonio Cuyas, como secretario.

31/12/1908 *Diario de Las Palmas* — Página: 2

Leemos en un periódico de Las Palmas: «En el día de hoy los señores M. Curbelo y Cª, Delegados del Banco Vitalicio de España, han hecho entrega a la Reverenda Superiora de le Comunidad religiosa dominica da San José de esta ciudad de la suma de setenta y cinco mil pesetas, importe del Seguro-Vida, que a favor de dicha comunidad contrató el fallecido Obispo de esa Diócesis Fray José Carlos Cueto Diez de la Maza, con el Banco Vitalicio de España, siendo testigos los señores D. Bartolomé Apolinario y D. José María Lazo, en presencia del Inspector D. Francisco Martínez Miranda.»

05/11/1910 *Las Canarias*: órgano hispano-canario — Página: 2

LOS AMIGOS DE LOS ÁRBOLES

Para fomentar el arbolado se ha constituido en Las Palmas una sociedad denominada «Los amigos de los árboles» que ha designado la siguiente junta directiva. Presidente, D. Francisco González Díaz; vicepresidente, D. Luis Millares; secretario, D. Francisco Peyró; tesorero, D. José Nogués Carenas; vocales, D. José P. Noguera; D. Andrés Navarro Torrens y Don Bartolomé Apolinario.

26/11/1910 *La Opinión*: periódico liberal-conservador — Página: 1

Por el Dr. D. Bartolomé Apolinario, socio de la Económica de Amigos del País, de aquella ciudad, se ha solicitado la creación de un Registro mercantil y de una Escuela o Academia de estudios comerciales.

26/09/1914 *Diario de Las Palmas* — Página: 2

El Gobierno holandés ha elevado la categoría de su representación en Las Palmas, creando un Consulado en Gran Canaria, siendo designado para este cargo nuestro distinguido amigo el doctor D. Bartolomé Apolinario y Macías, que hace años era su representante, como Vice-Cónsul; y para la vacante se ha nombrado a D. Chr. J. Merens.

Nos congratulamos de esta elevación de categoría, pues es el reconocimiento por el Gobierno holandés de la importancia de nuestro puerto en estas islas, y felicitamos a los agraciados.

12/03/1915 *Diario de Las Palmas* — Página: 2

Los Exploradores de España

Orden a la Tropa de Las Palmas para el 14 de Marzo del corriente año de 1915.

[Varias disposiciones]

En Las Palmas, a 12 de Marzo de 1915.

El Director de la Sección de Instrucción. Bartolomé Apolinario.

V° B° El Presidente. E. Ferrer Valdivieso

27/05/1915 *Diario de Las Palmas* — Página: 3

Nombres de los señores que se han inscrito para constituir la sociedad «Fomento y Turismo de Las Palmas» y cantidad voluntaria mensual que se han asignado.

[Entre otros Bartolomé Apolinario]

08/05/1923 *Diario de Las Palmas* — Página: 2

He aquí la Junta directiva elegida por la Liga Marítima de Las Palmas: Presidente: D. Emilio Ley; Vice-presidentes: 1º D. Juan Bordes; 2º don Francisco Sánchez Torres; Tesorero Contador: D. Miguel Curbelo; Secretario: D. José Miranda Guerra; Vicesecretario: D. Alfredo S. Pérez; Vocales: D. Bartolomé Apolinario, D. Juan Díaz Benítez, D. Francisco Bautista, D. Saturnino Bravo, D. Enrique Orive y D. José Díaz Curbelo.

24/05/1923 *La Provincia*: diario de la mañana — Página: 5

Ayer tarde La Exposición de Plantas

A las tres de la tarde de ayer se inaugura oficialmente, sin ceremonia alguna ni previas invitaciones, la Exposición de Plantas instalada en un sector del Parque municipal de Santa Catalina. [Entre otros. La Sra. Vda. de Gómez es Carmen Apolinario Macias]

De D. Bartolomé Apolinario: palmera, helechos.

De la Sra. Viuda de Gómez: palmeras, helechos, crotos, culantrillos.

Numeroso público, entre los que figuraban muchos extranjeros, visitó ayer tarde la Exposición...

21/11/1923 *Boletín oficial de Canarias* — Página: 6

CÁMARA OFICIAL DE LA PROPIEDAD URBANA DE LAS PALMAS

Don Bartolomé Apolinario, Presidente de la Cámara oficial de la propiedad urbana de las Palmas...

25/07/1924 *La Provincia*: diario de la mañana — Página: 1

Ayer mañana se efectuó la inauguración de la Delegación en Gran Canaria de la Caja de Previsión social, presidiendo el acto el Sr. Delegado del Gobierno y asistieron los Sres. don Francisco Gourié, Presidente del Consejo directivo de la Caja, y consejeros don Adán del Castillo, don Bartolomé Apolinario…

CALENDARIO 1920

enero

sm	l	m	m	j	v	s	d
1				1	2	3	4
2	5	6	7	8	9	10	11
3	12	13	14	15	16	17	18
4	19	20	21	22	23	24	25
5	26	27	28	29	30	31	

febrero

sm	l	m	m	j	v	s	d
5							1
6	2	3	4	5	6	7	8
7	9	10	11	12	13	14	15
8	16	17	18	19	20	21	22
9	23	24	25	26	27	28	29

marzo

sm	l	m	m	j	v	s	d
10	1	2	3	4	5	6	7
11	8	9	10	11	12	13	14
12	15	16	17	18	19	20	21
13	22	23	24	25	26	27	28
14	29	30	31				

abril

sm	l	m	m	j	v	s	d
14				1	2	3	4
15	5	6	7	8	9	10	11
16	12	13	14	15	16	17	18
17	19	20	21	22	23	24	25
18	26	27	28	29	30		

mayo

sm	l	m	m	j	v	s	d
18						1	2
19	3	4	5	6	7	8	9
20	10	11	12	13	14	15	16
21	17	18	19	20	21	22	23
22	24	25	26	27	28	29	30
23	31						

junio

sm	l	m	m	j	v	s	d
23		1	2	3	4	5	6
24	7	8	9	10	11	12	13
25	14	15	16	17	18	19	20
26	21	22	23	24	25	26	27
27	28	29	30				

julio

sm	l	m	m	j	v	s	d
27				1	2	3	4
28	5	6	7	8	9	10	11
29	12	13	14	15	16	17	18
30	19	20	21	22	23	24	25
31	26	27	28	29	30	31	

agosto

sm	l	m	m	j	v	s	d
31							1
32	2	3	4	5	6	7	8
33	9	10	11	12	13	14	15
34	16	17	18	19	20	21	22
35	23	24	25	26	27	28	29
36	30	31					

septiembre

sm	l	m	m	j	v	s	d
36			1	2	3	4	5
37	6	7	8	9	10	11	12
38	13	14	15	16	17	18	19
39	20	21	22	23	24	25	26
40	27	28	29	30			

octubre

sm	l	m	m	j	v	s	d
40					1	2	3
41	4	5	6	7	8	9	10
42	11	12	13	14	15	16	17
43	18	19	20	21	22	23	24
44	25	26	27	28	29	30	31

noviembre

sm	l	m	m	j	v	s	d
45	1	2	3	4	5	6	7
46	8	9	10	11	12	13	14
47	15	16	17	18	19	20	21
48	22	23	24	25	26	27	28
49	29	30					

diciembre

sm	l	m	m	j	v	s	d
49			1	2	3	4	5
50	6	7	8	9	10	11	12
51	13	14	15	16	17	18	19
52	20	21	22	23	24	25	26
53	27	28	29	30	31		

FUENTES DE INFORMACIÓN

Bibliografía

ALONSO QUESADA: *Smoking-Room* (notas de Antonio Henríquez Jiménez). Ed. Anroart Ediciones, Las Palmas de Gran Canaria, 2008.

APOLINARIO NAVARRO, J. F.: *Breve historia de la fundación benéfica Casa-Asilo de San José*. Edición propia, Las Palmas de Gran Canaria, 1986.

CHESA PONCE, N.: *La medicina en Canarias en el siglo XIX* (médicos canarios formados en Francia). Ed. Mercurio, Madrid, 2015.

CHRISTIE, A.:

Autobiography. Ed. William Collins and Co. London (1977); edición española: Molino, Barcelona 1999.

The thirteen problems. www.perfectbound.com/agathachristie

El hombre del traje marrón. Ed. Molino, Barcelona, 1981.

El misterio del tren azul. Ed. Molino, Barcelona, 1986.

La Srta. Marple y 13 problemas. Ed. Molino, Barcelona, 1987.

Ven y dime cómo vives. Ed. Tusquets, Barcelona 2008.

CURRANT, J.: *Los cuadernos de Agatha Christie*. Ed. Santillana ediciones generales, S.L. 2011.

HARRINGTON, PETER: *Agatha Christie – Inscribed books from the library of Charlotte ('Carlo') Fisher*. https://www.peterharrington.co.uk/.../Christie.pdf

GARCÍA PÉREZ, J. L.: *La estancia de Agatha Christie en Canarias*, Anuario de Estudios Canarios, Las Palmas de Gran Canaria, 1988.

GONZALEZ LEMUS, N.: *Viajeros por sol, playa y descanso: la estancia en Canarias de "tres" distinguidos ingleses: Agatha Christie, Winston Churchill y Los Beatles.* Ed. Ayuntamiento de Las Palmas de Gran Canaria. Las Palmas de Gran Canaria, 2001.

Agatha Christie en Canarias. 1927: un invierno que cambió su vida. Ed. Nivaria ediciones, Tenerife, 2ª edición, 2015.

PLATERO FERNANDEZ, C.: *Canarias en la obra de Agatha Christie.* Miplayadelascanteras.com

PRICHARD, M.: *Agatha Christie, El Grand Tour.* Ed. Confluencias editorial. Almería, 2014.

WETMACOTT, M.: *La carga.* Ed. Grijalbo, Barcelona, 1993.

Prensa/periódicos y similares

AGATHA CHRISTIE LTD.

ANUARIO GENERAL DE LAS ISLAS CANARIAS, 1927 y 1928. Las Palmas de Gran Canaria

ANUARIO POSTAL DE LAS PALMAS, 1930. Las Palmas de Gran Canaria

CORRESPONDENCIA DE CANARIAS, Las Palmas de Gran Canaria

DIARIO DE LAS PALMAS, Las Palmas de Gran Canaria

FEDAC, Las Palmas de Gran Canaria (copias de fotografías)

GACETA DE TENERIFE, Santa Cruz de Tenerife

HESPERIDES, Santa Cruz de Tenerife

LA PRENSA, Santa Cruz de Tenerife

EL PROGRESO, Santa Cruz de Tenerife

LA PROVINCIA, Las Palmas de Gran Canaria

Web

http://trove.nla.gov.au/newspaper/article/63583299

https://jable.ulpgc.es (Universidad de Las Palmas de Gran Canaria)

Colaboraciones

Disculpándome previamente porque, en el fragor de la escritura, algunos nombres se me quedarán sin mencionar, deseo dejar constancia, por orden alfabético de apellidos, de las personas que tan amablemente me han ayudado a elaborar este trabajo aportando ideas, noticias, fotografías, observaciones, correcciones, etc. etc. etc.

Alzola Navarro, Carmen (familiar de D. Lucas Alzola Apolinario)
Campos Gómez, Manuel (presidente Fondo Bibliográfico y Documental Manuel Campos)
Fraser, Beth (GeneralEnquiries@agathachristie.com)
Gómez Pamo y Guerra del Río, Juan (bibliotecario del Museo Canario)
Jiménez Martel, Germán (amigo y asesor de "todo esto")
Navarro Alzola, Carmen – Cue González, José Luis (familiares de D. Lucas Alzola Apolinario)
Pérez Bojart, Carmen (ilustradora del menú de la cena en casa de Mr. & Mrs. Bantry)
Rende, Enrico (asesor y corrector de los textos)
Rodríguez y Días de Quintana, Miguel (memorialista de Canarias)
Socorro Apolinario, Juan Ignacio – Veza Iglesias, María Dolores (familiares del Dr. Bartolomé Apolinario)

Printed in Dunstable, United Kingdom

78278253R00107